内蒙古财经大学会计学术文库

企业集团内部资本市场效率促进与大股东"掏空"研究

On the Efficiency Promotion and Large Shareholders' Tunnelling of the Internal Capital Market in the Industry Group

王艳林 著

中国财经出版传媒集团

经济科学出版社

Economic Science Press

图书在版编目（CIP）数据

企业集团内部资本市场效率促进与大股东"掏空"研究/
王艳林著 . —北京：经济科学出版社，2018. 8
（内蒙古财经大学会计学术文库）
ISBN 978 - 7 - 5141 - 9708 - 2

Ⅰ. ①企… Ⅱ. ①王… Ⅲ. ①企业集团 - 资本市场 -
研究 - 中国 Ⅳ. ①F279. 244②F832. 5

中国版本图书馆 CIP 数据核字（2018）第 203957 号

责任编辑：顾瑞兰
责任校对：王苗苗
版式设计：齐　杰
责任印制：邱　天

企业集团内部资本市场效率促进与大股东"掏空"研究
王艳林　著
经济科学出版社出版、发行　新华书店经销
社址：北京市海淀区阜成路甲 28 号　邮编：100142
总编部电话：010 - 88191217　发行部电话：010 - 88191522
网址：www. esp. com. cn
电子邮件：esp@ esp. com. cn
天猫网店：经济科学出版社旗舰店
网址：http：//jjkxcbs. tmall. com
固安华明印业有限公司印装
710 × 1000　16 开　10 印张　200000 字
2018 年 8 月第 1 版　2018 年 8 月第 1 次印刷
ISBN 978 - 7 - 5141 - 9708 - 2　定价：43. 00 元
（图书出现印装问题，本社负责调换。电话：010 - 88191510）
（版权所有　侵权必究　举报电话：010 - 88191586
电子邮箱：dbts@ esp. com. cn）

优化资源配置效率、实现帕累托最优一直是现代经济学领域的核心问题。我国通过"国有企业优质资产分拆剥离"和民营上市公司"兼并收购—借壳上市"的路径形成了处于大股东控制下的企业集团。企业集团内部资本市场一方面发挥着资本杠杆效应，缓解了企业的融资约束和提高了资本配置效率；另一方面因缺乏有力监控，使得集团内部资本市场异化为大股东利益掏空上市公司的工具。

对于新型中国资本市场而言，企业集团内部资本市场是否同时存在效率促进的正面效应和大股东"掏空"的负面效应？如果效率促进和大股东"掏空"同时存在，那么不同产权属性的企业集团内部资本市场对成员企业发挥的主导效应是否会有所不同？从最终经济后果来看，企业集团内部资本市场对成员企业到底是价值创造还是价值毁灭？

本书剖析了转轨时期中国企业集团内部资本市场形成的深刻制度根源，分析了企业为集团内部市场效率促进和大股东"掏空"的机理，在此基础上，我们以2007~2014年上市公司为研究对象，将样本公司分为附属于企业集团的上市公司和非附属于企业集团的独立公司，实证检验了企业集团内部资本市场是否同时存在效率促进与大股东"掏空"的双重作用，并最终从企业价值的角度验证了企业集团内部资本市场对成员企业发挥的是价值创造还是价值破坏作用。

本书研究发现：第一，我国企业集团内部资本市场所呈现出的效率促进与大股东"掏空"具有深刻的制度根源，它是资本市场融资约束、企业集团内部治理问题和政府公共治理相互博弈共同作用的结果；第二，无论是民营企业集团还是国有企业集团，其内部资本市场资本配置最终体现为效率促进还是大股东"掏空",往往是企业集团实际控制人通盘考虑的结果;第三,企业集团内部资本市场同时存在效率促进与大股东"掏空"的双重作用,且企业集团产权属性不同,内部资本市场对成员企业发挥的主导效应亦有所不同;第四,从最终经济后果——企业价值的角度来看,企业集团内部资本市场更多地表现为价值破坏作用。

本书的贡献主要体现在两个方面:第一,区别于以往局限于研究新兴资本市场下中国企业集团内部资本市场是大股东"掏空"上市子公司工具的单边设定,抑或是单纯地只研究企业集团内部资本市场发挥的效率促进作用,本书将企业集团内部资本市场效率促进的正面效应和大股东"掏空"的负面效应全部纳入分析系统中,验证了企业集团内部资本市场是否同时存在效率促进和大股东"掏空"的双重效应,从而突破了企业集团内部资本市场只是大股东"掏空"工具的研究假设或是企业集团内部资本市场只发挥效率促进作用的单边设定。第二,本书回答了企业集团内部资本市场究竟是创造价值还是毁灭价值的问题,进一步厘清了效率促进和大股东"掏空"作用机制,从而揭示了企业集团内部资本市场影响上市公司价值的"黑箱"。

王艳林

2018 年 6 月

目　录

第 1 章

绪　　论

1.1　研究背景和研究意义

1.1.1　研究背景

优化资源配置效率、实现帕累托最优一直是现代经济学领域的核心问题。西方发达国家特别是美国的企业通过并购重组形成了一大批多元化的联合大企业集团，企业集团内部资本市场解决了信息不对称产生的交易成本较高的瓶颈，在一定程度上成为外部资本市场的有益补充和替代。

关于企业集团内部资本市场配置效率，学者们得出了多样化的研究结论。一些研究认为，附属于企业集团的成员企业可以通过内部关联交易、资金拆借、委托贷款等方式绕开外部资金融通的限制，从而缓解成员企业的融资约束（Kim，2004；Almeida and Kim，2013；He et al.，2013）；但也有一些经验证据表明，企业集团内部资本市场为大股东掏空上市公司提供了一个运作平台，大股东可以方便地通过关联交易、资金占用等手段进行利益输送（Jiang et al.，2008；刘星等，2010；魏明海，2013）；另外，子公司的寻租行为与权力斗争使得内部资本市场异化为寻租市场，低效率的"交叉补贴"与"平均主义"会导致投资不足或投资过度（Scharfstein and Stein，2000；He et al.，2013）。

我国国有上市公司"从国企集团优质资产分拆剥离"的形成路径和民营上市公司"兼并收购—借壳上市"的形成路径，决定了我国很多上市公司附属于大股东控制下的企业集团。从内部资本市场的角度来看，金字塔形股权结构能够发挥资本杠杆效应，缓解企业的融资约束，获得内部股权融资优势，有助于企业集团扩大资产规模（Almeida and Wolfenzon，2006；Almeida et al.，2011a；Masulis et al.，2011；Bena and Ortiz – Molina，2013）。但在缺乏有力的监控条件下，企业集团多层级金字塔形股权结构和多重代理关系加大了代理成本，使得集团内代理冲突比独立企业更为严重，内部资本市场可能异化为大股东利益攫取的工具（Khanna，2000；Jian and Wong，2004；Jiang et al.，2008）。

那么，对于中国的上市公司而言，企业集团内部资本市场是否同时存在效率促进的正面效应和大股东"掏空"的负面效应？如果企业集团内部资本市场同时兼备效率促进和大股东"掏空"两种效应，那么哪种效应占据主导地位？对于国有控股企业集团和非国有企业集团的成员企业而言，内部资本市场占主导作用的正面效应或是负面效应是否会有所不同？从最终经济后果——企业价值来看，企业集团内部资本市场对成员企业是价值创造还是价值毁灭？

本书剖析了转轨时期中国企业集团内部资本市场形成的深刻制度根源，分析了企业集团内部市场效率促进和大股东"掏空"的机理，在此基础上，我们以2007~2014年的上市公司为研究对象，将样本公司分为附属于企业集团的上市公司和非附属于企业集团的独立公司，实证检验了企业集团内部资本市场是否同时存在效率促进与大股东"掏空"的双重作用，并最终从企业价值的角度验证了企业集团内部资本市场对成员企业发挥的是价值创造还是价值破坏作用。本书的研究对于厘清企业集团内部资本市场的作用机理和最终经济后果具有重要的理论意义和现实意义。

1.1.2 研究意义

1. 理论意义

本书的理论意义主要体现在两个方面：第一，拓展了内部市场研究的视角。区别于以往文献只研究中国新兴资本市场中企业集团内部资本市场更多表现为大股东对上市子公司"掏空"的单向决定作用，或是单纯地只研究企业集团内部资本市场发挥效率促进的单边作用，本书将企业集团内部资本市场效率促进的正面效应和大股东"掏空"的负面效应全部纳入分析系统中，系统地分析企业集团内部资本市场是否同时存在效率促进和大股东"掏空"两种效应，从而突破了企业集团内部资本市场只是大股东"掏空"工具的研究假设和企业集团内部资本市场中只能发挥效率促进作用的单边设定。第二，扩展了企业集团内部资本市场配置效率的研究范畴。本书的研究从强调"实际控制人单边利益决定控制权私利攫取的研究"转向了"企业集团内部资本市场效率促进与掏空同时存在"的研究，本书的最终研究结论也揭示了企业集团内部资本市场并非只表现为简单的单边效应，而是同时存在效率促进与大股东"掏空"的双重作用，且在不同产权性质的企业集团中，效率促进抑或大股东"掏空"哪种效应占据主导地位也会有所不同，从而扩展了企业集团内部资本市场配置效率的研究范畴。

2. 现实意义

本书的现实意义主要体现在两个方面：第一，将样本划分为附属于企业集团上市公司和非附属于企业集团的独立上市公司，验证了企业集团内部资本市场同时存在效率促进的正面效应和与大股东"掏空"的负面效应，其结论清晰地表明，我国企业集团内部资本市场的确存在效率促进的"阳光面"和大股东"掏空"的"黑暗面"，从这个意义上来说，本书的研究为更深刻地理解企业集团内部资本市场在上市公司中扮演何种角色以及揭开企业集团内部资本市场如何影响成员企业价值的"黑箱"提供了重要的经验证据，这在实践上有助于增进人们更加全面、准确地认识企业集团内部资本市场，尤其是转轨时期内部资本市场发挥的正面的积极的作用，因此，本书的研究结论有助于相关监管机构在合理发挥市场优势的情况下制定内部资本市场运作及信息披露的政策规章。第二，本书从最终经济后果的角度厘清了企业集团内部资本市场对附属于企业集团的成员企业究竟是创造价值还是毁灭价值，从而有力地证明了企业集团内部资本市场对附属于企业集团的成员企业具有最终的价值破坏作用，这为附属于企业集团的上市公司强化公司治理结构，加强内部监管提供了有力证据支撑和数据支持。

1.2　研究内容

本书的主要研究内容包括以下几个部分：

第 1 章，绪论。主要阐述本研究的选题背景和研究意义，说明本书的研究内容、研究方法和研究思路以及创新之处；对本书所涉及的主要研究对象和概念进行界定和辨析，以为后文的研究奠定基础。

第 2 章，理论基础与文献回顾。对企业集团内部资本市场相关理论基础，包括内部资本市场理论、代理理论、控制权理论、信息不对称理论和融资优序理论等进行了阐述，从企业内部资本市场的边界、内部资本市场与外部资本市场的关系、内部资本市场配置效率和内部资本市场配置效率的测度方法等方面对国内外相关文献进行梳理，以为后文提供理论依据和文献支撑。

第3章，我国企业集团内部资本市场形成的动因。我国集团内部资本市场所呈现出效率促时与大股东"掏空"具有较深的制度根源，本书从外部资本市场的融资约束、企业集团内部治理机制和政府公共治理三个方面剖析了我国企业集团内部资本市场产生的深刻制度根源。

第4章，企业集团内部资本市场效率促进与大股东"掏空"的机理。通过对企业集团内部资本市场运作载体和运作形式进行分析，剖析了企业集团内部资本市场在缓解融资约束和实施资本配置等方面促进效率提升的理机，同时，剖析企业为集团内部资本市场基于金字塔股权结构的大股东"掏控"机理，以为后文的实证研究提供理论基础。

第5章，企业集团内部资本市场效率促进与大股东"掏空"的实证研究。将样本区分为附属于企业集团的上市公司和非附属于企业集团的独立上市公司，从投资规模和投资效率两个角度验证企业集团内部资本市场是否同时存在效率促进和大股东"掏空"两种效应，并检验不同产权属性企业集团内部资本市场对成员企业效率促进和大股东"掏空"主导作用的异质性。

第6章，企业集团内部资本市场对企业价值的影响。将样本区分为附属于企业集团的上市公司和非附属于企业集团的独立上市公司，从企业价值角度出发，验证企业集团内部资本市场对成员企业最终经济后果——企业价值产生的影响，以及不同产权属性下企业集团内部资本市场对成员企业价值产生的异质性的影响。

第7章，研究结论与政策建议。总结本书的主要研究结论，有针对性地提出政策建议，并提出本书存在的不足和未来研究展望。

1.3　研究思路和研究方法

1.3.1　研究思路

本书是按照原因剖析——机理分析——配置效率——经济后果这一研究路

线展开的。具体来说，本书的基本思路如下。

首先，对企业集团内部资本市场相关理论和相关文献进行了梳理，在此基础上，剖析我国企业集团内部资本市场形成的深刻制度原因；其次，从理论角度分析了企业集团内部资本市场效率促进和大股东"掏空"的机理；再次，实证检验了企业集团内部资本市场是否同时具有效率促进与大股东"掏空"的双重效应，以及这两种效应对附属于企业集团的成员企业价值产生何种影响；最后，根据上述研究结论，提出相应的政策建议。

具体研究技术线路图如图1-1所示。

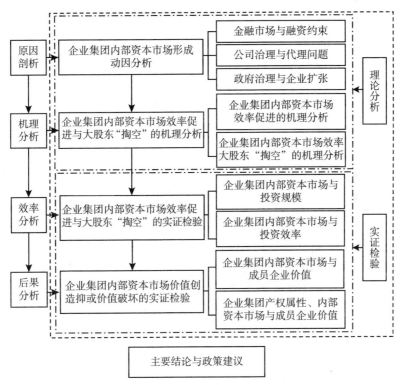

图1-1 研究技术线路

1.3.2 研究方法

"工欲善其事，必先利其器"，研究方法选择得当合理，直接关系着最终研究结论的合理性和可靠性，也能起到事半功倍的效果。本书采用规范研究与实证研究相结合、定性研究与定量研究并重的研究方法。

1. 定性研究

定性方法将贯穿于各个研究内容。主要体现为利用文献研究梳理相关理论和相关概念的界定与辨析，细化具体研究问题，进行理论推导及模型建立，以及对相关实证结果进行解释等方面。

2. 定量研究——基于理论模型的解析研究

该方法主要是用于第4章的研究内容，即企业集团内部资本市场效率促进与大股东"掏空"的机理分析。本书借鉴因德斯特和穆勒（Inderst and Muller，2003）的借贷融资模型，从理论上对比分析了在子公司存在融资约束的情况下，分别由子公司融资和母公司融资的最优契约；借鉴姚兴涛等人（2011）的模型，分析了在现控股权和现金流权相分离的情况下，解析集团母公司对下属子公司掏空行为和掏空条件。

3. 定量研究——基于计量经济模型的实证研究

在企业集团内部资本市场效率与大股东"掏空"的实证研究中，在企业集团内部资本市场与成员企业价值的研究中，我们用到了此方法。本书以附属于企业集团的成员企业与非附属于企业集团的独立企业为研究样本，以投资规模与投资效率为资本配置效率的度量，实证分析了内部资本市场对附属于成员企业是否同时存在效率促进和大股东"掏空"两种效应，并检验了不同产权属性企业集团内部资本市场对成员企业效率促进和大股东"掏空"主导作用的异质性影响；从企业价值角度出发，验证了企业集团内部资本市场对成员企业最终经济后果产生的影响，以及不同产权属性下企业集团内部资本市场对成员企业价值产生的不同影响。

1.4 研究创新与不足

本书的创新点主要体现在以下三个方面。

（1）区别于以往文献只研究中国新兴资本市场中企业集团内部资本市场更多表现为大股东对上市子公司"掏空"的单向决定作用，或是单纯地只研究企业集团内部资本市场发挥效率促进的单边作用，本书将企业集团内部资市场效率促进的正面效应和大股东"掏空"的负面效应全部纳入分析系统中，系统地分析企业集团内部资本市场是否同时存在效率促进和大股东"掏空"两种效应，从而突破了企业集团内部资本市场只是大股东"掏空"工具的研究假设和企业集团内部资本市场中只能发挥效率促进作用的单边设定。

（2）本书扩展了企业集团内部资本市场配置效率的研究范畴。本书的研究结论揭示了企业集团内部资本市场并非只表现为简单的单边效应，而是同时存在效率促进与大股东"掏空"的双重作用，且在不同产权性质的企业集团中，效率促进抑或大股东"掏空"哪种作用占据主导存在异质性。本书的研究从强调"实际控制人单边利益决定大股东掏空研究"转向了"企业集团内部资本市场效率促进与大股东掏空同时存在"的研究。

（3）本书从最终经济后果的角度厘清了企业集团内部资本市场对于附属于集团的成员企业究竟是创造价值还是毁灭价值，充实了已有文献的研究，也为更好地理解企业集团内部资本市场对附属于企业集团成员企业最终的经济后果提供经验依据。

第 2 章

理论基础与文献回顾

企业集团内部资本市场兴起于 20 世纪 70 年代，关于企业集团内部资本市场的相关理论研究和实证检验从未间断，尤其是新兴资本市场下企业集团内部资本市场资本配置效率问题。本章首先对企业集团内部资本市场配置效率的相关理论，包括内部资本市场理论、信息不对称理论、委托代理理论、交易成本理论、控制权理论和融资啄序理论等进行了阐述；在此基础上，从国外和国内两个维度对内部资本市场的存在性、内部资本市场与外部资本市场的关系、内部资本市场资本配置效率和内部资本市场资本配置效率度量等相关文献进行梳理，以为后文提供理论依据和文献支撑。

2.1 理 论 基 础

内部资本市场理论派生于新制度经济学派的交易成本理论，兴起于 20 世纪 70 年代。以科斯（Coase，1937），威廉姆森（Williamson，1975）和阿尔奇安（Alchian，1969）等为主的新制度经济学家开始意识到传统经济学在分析问题时忽视了交易成本的存在，由此内部资本市场（ICM）理论诞生。内部资本市场理论将交易成本下的经济现象，如市场存在摩擦、逆向选择和道德风险等纳入研究领域。随着内部资本市场理论的不断发展以及委托代理理论、控制权理论等新制度经济学方法在 ICM 理论中的运用，内部资本市场理论得到了长足的发展。在控制权理论、委托代理理论、信息不对称理论、融资啄序理论等的基础上演绎出的内部资本市场配置效率理论更加注重理论与实践的结合。

2.1.1　内部资本市场理论

一般来说，一个完整的资本配置过程可以抽象地描述为两个环节：第一个环节，社会资本通过信贷市场和证券市场把资本配置给各种不同组织形态的企业；第二个环节，不同组织形态的企业集团总部（母公司）把资本配置到各个分部或子公司，并通过他们把资本配置给不同的投资项目。这里的第一个环节即是"外部资本市场"，第二个环节即是"内部资本市场"。

内部资本市场理论以缓解公司外部融资约束为目标。该理论认为，由于信息不对称及存在代理成本，企业在外部资本市场融资会面临更高的交易成本和投资风险（Shin and StuIz, 1998），而内部资本市场能够使投资项目规避外部资本市场在信息获取和激励问题上的困扰（Gertner, 1994），将集团内部各分部产生的现金流积聚起来，合理调配资源，实现高效率运营（Williarrlsorl, 1975）。与外部资本市场不同，内部资本市场中母公司对子公司有绝对的所有权，这将增加集团母公司对资金的控制力度，主要体现在两个方面：一方面，拥有下属公司所有权可以使母公司能够更加容易地监控每一个产生现金流的子公司，有利于降低舞弊的可能性；另一方面，当下属子公司现金使用不当时，母公司可以对其进行重新配置。

内部资本市场理论从内部资本市场的产生与发展、内部资本市场与外部资本市场的区别、内部资本市场理论是否真实存在等角度展开研究探讨，并进一步派生出了多元化战略下的内部资本市场是否有效、内部资本市场配置效率和最优规模衡量等多个研究话题，学者们对这些话题分别进行了理论分析、模型推导和实证检验，形成了众多重要的研究结论和成果。

2.1.2　控制权理论

控制权理论发端于伯利和米恩斯（Berle and Means, 1932）的两权分离理论，随后在法马（Fama, 1980）的代理成本理论和格罗斯曼和哈特（Grossman and Hart, 1986）的产权理论中得到更全面的发展。截至目前，学术界对公司控制权的定义仍存在争议，但一致认为，公司控制权的实质是对资源配置的控制权，享有整合公司资源和协调生产运营的权力。

伯利和米恩斯（1932）指出，公司所有权和控制权的分离使得有效自由裁量权掌握在实施动态经营的管理者而非股东手中，这是现代公司制度的智慧产物。哈特（1995）认为，有必要通过公司剩余控制权的有效配置来解决由于不完全契约导致的投资激励不足等问题，这促使控制权理论在不完全契约和产权理论基础上得到进一步发展。格罗斯曼和哈特（1986）提出了具体控制权和剩余控制权概念。购买实现后，合同上列出的所有具体资产权都被称作具体控制权，该权利原本由公司的经理所有；而合同上未列出的权利全部属于剩余控制权，剩余控制权也属于所有权，被拥有重大投资的一方占有。格罗斯曼和哈特（1986）还清晰地指出，剩余控制权是一种可以决定所有资产的用途而不必提前在契约、会议和规章中披露的权利。哈特和摩尔（Hart and Moore, 1990）更进一步分析了剩余所有权的本质和所有权，他们指出，对未来收益的分配格局取决于各利益方的谈判能力，而这种谈判能力与资产所有权的分配高度相关，因此，资产所有权应该分配给不可或缺的一方。

控制权理论强调，公司是一系列契约的组合，股东对公司资源拥有所有权，公司所有者拥有对剩余收益的索取权和资源配置的控制权，两权分离使得一方拥有对方所没有的信息优势，导致拥有信息优势。拥有剩余控制权的一方可以通过控制权获得私人收益，在股东与经理代理冲突以及控股股东与中小股东代理冲突下，拥有控制权方在私人利益驱使下为进一步巩固和扩大自身控制权而从事过度投资、盲目多元化等行为，这为研究内部资本市场间的资源配置和企业集团内部终极控制人与实际控制人的权利和资源分配以及行为动机等提供了坚实的理论基础。

2.1.3 交易成本理论

科斯（Coase, 1937）在《企业的性质》中提出，企业和市场是两种组织生产的方式，企业是为了节约交易费用而取代市场价格机制的一种组织。企业的形成是将市场交易转移到企业内部从而减少市场交易成本的结果，企业存在的意义在于通过交易费用的节约而使要素投入者获取更多的利益。

科斯认为，交易费用是"发现价格机制的成本"。威廉姆森（Williamson, 1975）认为，交易费用就是利用经济制度的成本，包括事前成本和事后成本两种。其中，事前交易费用是指谈判、拟定和实现某一协议的成本，事后交易费用包括交易偏离协议所规定的行为准则而引起的不适成本、纠正事后偏差所引发的合约双方争议的成本、与管理部门有关的成本、保证合约安全有效的成本。

交易费用的存在，促使企业创造出多种交易方式和制度安排来减少交易费用，企业集团就是其中的一种。企业集团的建立，将多个具有市场利益关系和存在交易往来的经济组织连接在起来，通过建立多个成员企业之间长期稳定的交易关系，将市场中不确定的交易活动转化为组织内部的协调经营与运作，由此节约了交易费用，降低了企业所面临的市场风险。具体而言，成员企业之间的日常往来与沟通可以极大程度地降低获取有用信息和寻找交易对象的成本，提高资源配置的效率；成员之间所形成的稳定、密切的法律和经济关系，可以有效降低违约成本，防止机会主义行为的发生；当成员企业之间发生利益冲突时，可以通过一定的协商与沟通措施来解决，从而有效避免了长期讨价还价的烦琐程序并降低了法律诉讼的可能性。由此可见，企业集团的建立是实现交易费用节约的一种有效的制度安排。基于这一点，企业集团是一种比市场更有效的组织交易形式，可以在一定程度上替代市场的部分功能，成为企业间进行资源分配的微观机制。

进一步，内部资本市场就是企业集团实现交易费用节约的重要途径之一，这是因为，内部资本市场能够凭借企业集团基于产权关系形成的层级组织结构中的行政权威力量，将各成员企业积累的可共享的内部资本按照一定的规则配置给具有较好投资预期的企业，既防止了内部资源的闲置，又提高了资源的使用效率，同时，还节约了取得资源所付出的成本，实现了资源从投入到产出全过程的"节约"。此外，企业集团利用母公司在控制链条中的辐射作用，通过内部资本市场实现集团内部资本的有效配置，还避免了单一企业因规模过大而导致内部交易成本高于市场交易成本的弊端。

2.1.4　信息不对称理论

信息不对称理论作为经济学领域的重要工具被经常用来解释各种现象，它是指市场经济活动中的利益双方，由于各自掌握信息的一方根据目前所处状况，选择最大化自身效用的行为从而损害了另一方的利益。按照发生的时间前后顺序不同，通常将在利益双方订立契约之前发生的信息不对称称为逆向选择，而在契约订立之后发生的信息不对称称为道德风险。

阿克洛夫（Akerlof，1970）在《次品市场：质量的不确定性和市场机制》一文中首次提出信息不对称概念，并进一步通过二手车的"次品"市场举例说明高质量汽车卖方如何通过担保向无法分辨汽车质量好坏的买方传递高质量信号。阿克洛夫认为，在许多市场中，买方通过一些市场数据来评估商品类别。因此，买方看到的是全部市场的平均，而卖方却了解具体商品的更多信息，此时，卖方和潜在买方间的信息不对称形成。这种信息不对称激励卖方以与市场平均质量商品相同的价格出售质量较差商品，导致市场上商品的平均质量降低，市场规模缩减。在资本市场中，"次品"问题是由经理和投资者间的激励冲突和信息差异引起的。当管理者的经营理念一半好一半坏，而且投资者和管理者依靠各自信息都可以做出理性且有投资价值的决定的情况下，假如投资者不能区分这两类经营理念，那么持有较差理念的管理者会试图宣称他们的理念同好的理念具有同等的价值。此时，投资者会将两类理念放在同一水平评价。因此，如果"次品"问题没有得到解决，资本市场就会低估好的经营理念而高估差的经营理念。

在解决信息不对称问题时，可根据各种经济和制度因素来决定是否采取订立契约、监管或是依靠信息代理商等途径，这些因素包括监管和执行最优合同的能力、专业化成本、监管是否完善以及信息中介本身的潜在激励问题等。信息不对称问题的缓解有助于促进市场正常运转，提高资源配置效率。

2.1.5 委托代理理论

代理理论（Jensen and Meckling，1976；Fama and Jensen，1983）指出，代理成本产生于委托人和代理人之间的利益冲突。公司中做出重要经营决策的管理者并不是公司净资产的首要索赔人，因此，他们不必承担由经营决策引发的财富效应后果。一旦委托人向企业投资，自利的代理人（管理者）就有做出剥夺委托人资金决策的动机。例如，如果委托人收购公司股权，代理人就会利用这些资金获取额外津贴、支付过高薪酬、做出损害外部投资者利益的投资或者扩张决策等（Jensen and Meckling，1976）。同样，假如委托人收购公司债权，代理人则会通过增发更高优先级债权、用从委托人处收到的现金支付股利、从事高风险资本项目（Smith and Warner，1979）等手段来剥夺债权投资价值。增发更高优先级债权和用从委托人处收取现金以支付股利的行为会降低财务危机困境下有足够可用资本来全额偿还现有的或低优先级债权的可能性，从而使代理人（管理者）受益。从事高风险资本项目既能增加好的结果下代理人不相称的利益，也能增加坏的结果下债务人不成比例的负担。

解决代理问题有多种方法。管理者与投资人之间的最优契约，例如，补偿协议和债务契约等，都可以协调委托人与代理人间的目标，试图确保管理者与外部股权人和债权人的利益一致以减少代理成本。这些合同经常需要经营者披露相关信息，保证投资者能够监管合同协议的遵守情况并评估管理者对公司资源的管理是否从外部所有者利益的角度出发。代理理论将这样的合约成本划分为结构成本、监管成本和绑定一系列契约的成本。由于执行控制程序的成本很高，管理者（代理人）与剩余索取权人（股东）的行动一致化就变得尤为重要。另外一个解决代理问题的机制是董事会，它代表外部所有者对管理者进行监督。此外，信息代理商，例如，财务分析师和评级代理机构等，参与披露任何有关管理者滥用公司资源的私人信息。公司控制权市场，包括敌意收购和代理权角逐的威胁，也会减轻公司内部管理者与外部股东间的代理。最后，薪酬机制是联结股东和 CEO 各自目标的一种契约形式。詹森（Jensen，1994）指出，能增加管理者做出最佳决策概率的最好方法是确保给予他们的激励措施能促使他们以增加股东财富为目标，进而减少管理者与股东间的代理成本。

2.1.6 融资啄序理论

融资啄序理论作为另外一种资本结构理论最早由梅耶（Myers，1984）提出。该理论认为，由于信息不对称和交易成本的存在，公司采取一种分层次的融资偏好，即首选内部融资，然后是债务，最后是权益，这一排序是因为经理比外部投资者具有信息优势产生的逆向选择导致。梅耶和迈基里夫（Myers and Majluf，1984）认为，假如公司通过发行证券为新项目融资，那么这些证券将会出现抑价。这是因为经理不能令人信服地向投资者传达公司现有资产和可用投资机会质量的信息。因此，投资者无法区分好项目和坏项目，并会就此以为公司发行新证券是一种坏消息的信号而相应地对新证券定价。

融资啄序理论认为：①公司偏好内部融资甚于外部融资。然而，如果存在有利可图的投资机会，企业会选择外部融资。②公司会使他们的股利支付率与其投资机会相适应。这一刚性政策是为了确保公司有足够充分的现金流来为他们的投资机会融资。③在严格的股利政策和公司的盈利率与投资机会不可预知的现状下，内部现金流可以高于或低于投资。如果内部现金流更低，公司会首先使用流动资产或者证券组合；如果内部现金流更高，公司会使用流动资产或有价证券偿还债务或投资；假如还有剩余，企业可能会逐步增加其目标股利支付率。④如果需要外部融资，企业会选择低风险融资，首先是债务，然后是混合型证券,如可转换债券,最后是发行股票。融资啄序理论并没有预测一个最优债务率,因为这里存在两种资本——内部资本和外部资本,一个处于层级的最顶层而另一个则处于最底层。债务比率代表着公司累积的外部融资需求(Mazen,2011)。

大量实证研究表明,信息透明性低的公司更倾向于利用债务融资,但这样会引致代理问题并恶化股东权益(Bessler et al.,2011)。另外,投资者由于对公司了解不足也会降低他们的投资意愿,逆向选择问题就此产生。因此,从减少对公司权益和代理成本等角度来看,内部资本更受欢迎。此外,由于外部资本在转换为内部资本过程中存在着一定的交易费用和机会成本,这也在一定程度上降低了企业使用外部资本的频率,使得内部资本市场的存在成为可能,而且内部资本市场在信息、激励、资产专用性、控制权或者交易成本等方面明显区别于外部资本市场(Stein,1995),其财政集权和高效率地"选拔优胜者"进行资本优先配置等优势使得系簇企业集团可以充分把握投资机会,提高股东价值。

2.2 文献回顾

2.2.1 国外文献回顾

国外关于内部资本市场的相关研究主要集中于内部资本市场的存在性、内部资本市场与外部资本市场的区别与联系和内部资本市场的配置效率等相关方面。

1. 内部资本市场的存在性

内部资本市场是伴随着大规模并购形成的多元化经营浪潮、集团化战略和企业组织结构的创新而出现的一个新兴研究领域。阿尔奇安(Alchian,1969)和威廉姆森等(Williamson et al.,1970)最早提出"内部资本市场"的理念,他们认为,企业之所以对多元化战略如此青睐,是因为 M 型的联合大企业中存在着内部资本市场运作,这种内部资本市场运作具有信息优势,在强化内部资本配置、缓解外部融资约束方面发挥着重要的作用。

拉蒙特(Lamont,1997)最早对内部资本市场的存在性进行了研究。拉蒙特（1997）研究发现，石油价格下跌不仅影响到石油分部的投资，非石油分部的投资也有大大幅下降，据此他提出，石油公司部门之间存在一个对资金进行重新配置的内部资本市场。康纳和帕利普（Khanna and Palepu，1997，2000a）对新兴市场经济国家企业集团内部资本市场形成的动因进行了研究，他们发现，附属于集团的上市公司业绩好于非附属于集团的上市公司，从而证实内部资本市场的存在性。佩罗蒂和格尔夫（Perotti and Gelfer，2001）通过测量投资与托宾 Q 的相关性发现，控股银行可能有更强的动机和权威去重新配置资源，可见银行主导的集团内存在内部资本市场。桑潘沙克（Samphantharak，2003）以泰国 907 家上市公司 1993～1996 的数据，通过构建结构模型对内部资本市场的存在性及运作效率进行了实证研究，提供了内部资本市场存在的证据。林斯和瑟韦斯（Lins and Servaes，2002）对 7 个新兴市场国家、戈蒂埃和哈马迪（Gautier and Hamadi，2005）对比利时、权现（Gonenc，2007）对土耳其的研究，均证实了企业内部资本市场的存在性。霍洛德和皮克（Holod and Peek，2010）指出，银行集团内部存在次级贷款市场，这种次级贷款市场通过分部间的贷款交易使得贷款资源被分配到资本充足的分部。哈斯和莱利维尔德（Haas and Lelyveld，2010）、尼古拉和琳达（Nicola and Linda，2012）通过对国外大型银行集团分部信贷资源的决定因素以及内部资金转移机制进行研究，证实了大型银行集团不仅存在国内的内部资本市场，还存在跨国界的内部资本市场。

综上所述，关于内部资本市场存在性研究表明，内部资本市场不仅存在于成熟市场，而且存在于新兴市场；就组织结构而言，内部资本市场主要存在于 M 型联合企业和 H 型控股企业中。

2. 内部资本市场与外部资本市场的区别与关系

（1）内部资本市场与外部资本市场的区别。国外关于内部资本市场与外部资本市场的区别主要从两个角度进行阐述：一方面，内部资本市场具有较强的信息和激励优势；另一方面，内部资本市场投资主体具有资产的剩余控制权。

一方面，企业集团内部资本市场相对于外部资本市场，具有信息和激励优势。阿尔奇安（1969）研究发现，相对外部资本市场而言，通用电气公司的投资基金市场具有资源再配置的信息优势，可以使公司经理和部门经理获得的较为廉价和可靠的信息，内部市场主体根据更可靠的信息，使通用电气公司的财富实现增长。威廉姆森（1975）提出，大型联合企业具有许多"微型资本市场"的特点,公司通过并购可以解决外部资本市场上的信息不对称问题,从而节省置换成本。威廉姆森(1985)进一步指出,M型组织联合大企业能将分散的现金流集中起来配置在高效益、投资机会更好的分部,内部资本市场能产出较高的现金流配置效益。

另一方面,相对于外部资本市场,内部资本市场投资主体具有资产的剩余控制权。格特纳等(Gertner et al.,1994)指出,在内部资本市场中,作为资金使用部门资产的直接所有者,公司内部的出资者(公司总部)享有剩余控制权,而在外部资本市场中,出资者并不是资金使用部门的资产所有者。由此,内部资本市场在资源配置方面有如下三个方面的特征:第一,内部本市场上的投资者比外部资本市场上的出资者具有更多的监督激励;第二,内部本市场降低了部门经理的激励。企业内部的投资者是最后利润的索取者,而部门经理没有剩余控制权;第三,内部资本市场具有更好的资产重新配置能力。斯坦(Stein,1997)通过建模发现,拥有剩余控制权的企业集团总部可以通过获取完整的信息来实现投资项目在分部(项目)之间优化选择,即从事一种"挑选胜者"的活动。

(2)内部资本市场与外部资本市场的关系。就内部资本市场与外部资本市场相互关系而言,目前,学术界主要有三种观点:替代论、互补论和冲突论。

相对于外部资本市场而言,内部融资可以节省外部融资成本,可以为成员企业提供内部资金,从而减少成员企业对外部资本市场的依赖程度,因此,外部资本市场与内部资本市场存在着功能上的替代关系。康纳和帕利普(2000a)认为,当外部资本市场运行效率较低时,企业集团内部资本市场可以产生相对较高的绩效,原因在于内部资本市场是一种制度安排,它有效地模拟发达经济中金融市场的功能,随着外部资本市场的完善,内部资本市场运行成本超过所带来的收益时,内部资本市场的重要性将逐渐降低。福韦等(Fauver et al.,1998)的研究也发现,在市场机制和投资者法律制度薄弱的新兴国家,内部资本市场可以有效替代不完善的外部资本市场。企业与外部资本市场摩擦的直接表现就是融资成本的提高和融资约束的加大,而内部资本市场作为市场与企业组织的中间组织形式,可以通过资本配置功能来降低交易摩擦,缓解融资约束。所以,内部资本市场产生的根源就是集团总部与外部资本市场之间的交易摩擦导致了企业投资效率的损失(Campello,2002)。

还有一些学者认为,外部资本市场在资本配置过程中,存在信息不对称和代理问题缺陷;相反,内部资本市场则更具有信息和监督优势,所以,内部和外部资本市场之间存在一种优势互补的关系。斯坦（1997）认为，内部资本市场的存在可以有效缓解信息不对称和代理问题。派尔（Peyer，2002）研究发现，与独立企业相比，有效进行内部资本配置的企业集团更倾向于使用外部资本，而且使用外部资本越多，其超额价值就越多。造成此种现象的原因是，内部资本市场有效的企业由于减轻了经理与投资者之间的信息不对称程度，因而可以相对较低的成本从外部资本市场中获取资本。由此可见，内部资本市场和外部资本市场之间的发展不是相互抵触的，只要内部资本市场的有效性得到外部资本市场的识别，那么企业就能从外部资本市场更多地融资，从而促进外部资本市场的发展。反过来，外部资本市场的发展也会促进企业内部资本市场的发展。总之，内部资本市场和外部资本市场之间是相互促进和相互补充。

与替代论和互补论不同，有一些学者认为，内部资本市场和外部资本市场是相互冲突的，他们把内部资本市场视为外部资本市场发展的障碍。阿尔梅达和沃尔芬森（Almeida and Wolfenzon，2006）从金融与经济发展的宏观视角出发，研究了联合大企业集团化程度对外部资本市场的影响，他们发现，由于外部资本市场的有限承诺问题（即外部投资者保护程度与经营者对投资者承诺的现金回报负相关），即使是高收益的项目也不足以补偿其机会成本，所以，集团总部宁可在内部资本市场进行资本分配，将资本投向集团内部中等收益的项目，也不愿意将资本流入外部资本市场进行配置，导致外部资本市场资本供应的减少，从而损害了资本的总体均衡配置，抑制独立新企业的发展，使外部资本市场上的好项目更难筹集到所需资金。因德斯特和米勒（Inderst and Muller，2003）通过对集中型融资（企业总部与外部投资者之间的集中借贷）和分散型融资（各单个项目经理与外部投资者之间的分散借贷）的比较分析发现，集中型融资对应低预期回报项目，而高预期回报项目与分散型融资相对应。这说明，与独立企业相比，企业集团分部在解决融资约束时的效率要低。

3. 内部资本市场配置效率

关于内部资本市场配置效率，学者们有两种截然不同的观点：一种观点认为，企业集团通过内部资本市场运作提高了资源配置效率；另一种观点则认为，企业集团内部资本市场降低了资源配置效率和公司价值。

（1）有效率配置论。威廉姆森（1970，1975）从三个方面概括了内部资本市场相对于外部资本市场的优势：第一，传统的外部资本市场在审计方面受到规章上的限制，并且难以有效地发挥企业内部的激励机制和资源配置机制的作用，而内部资本市场通过权威和等级可以对各分部账面记录和保存的资料进行审查，同时，有利于企业总部对投资项目实施监督；第二，内部资本市场既能节约信息的搜寻成本和降低投融资的交易成本，又能迅速适应市场环境转移资源，有利于企业资本的优化配置；第三，内部资本市场增强了企业规避法规限制及避税等方面的能力，从而提高了企业的适应性。

斯坦（1997）从信息优势的角度对内部资本市场与银行融资进行比较，认为处于信息优势的企业总部通过各个分部间的相互竞争，对企业内部各投资机会按回报率高低进行排序，并将有限的资本分配到边际收益最高的部门实现"优胜者选拔"，内部资本市场同时具有更优货币效应功能。斯坦（2002）认为，内部资本市场的存在使原来影响资源配置效率的决策者的自利倾向和建立企业帝国倾向等不利因素转变为积极因素，内部资本市场的现金流在公司内部进行统一调配，并根据各投资项目的投资收益率来优化资本配置，这将激励各成员企业有效地使用资金，从而促进资源配置效率的提高。切斯托内和富马加利（Cestoner and Fumagalli，2001）认为，一方面，企业集团的分部相对于单一企业更容易获得外部融资，所以更容易进入产品竞争领域，从而进一步增强企业总体的竞争实力；另一方面，企业集团的分部可以获得企业总部资源的再配置，相对于单一企业来说，企业集团更容易取得竞争优势。切斯托内和富马加利（2003）进一步研究发现，多元化企业集团总部在分配资金时，会按照各部门在市场竞争中面临的激烈程度的顺序来分配，而如果是单一的企业去市场融资，外部投资者就会面临太多的委托代理关系，通过企业总部去融资可以减少这种代理问题。集团总部在将财务资源在各个相互竞争的投资部门/投资机会间分配时，主要依据各投资机会的投资回报率的高低，将有限的财务资源分配给边际收益最高的部门（McNeil and Smythe，2009；Cremersetal.，2009；Dattaetal.，2009；Xuan，2009）。

在新兴市场经济国家，关于内部资本市场研究的一种观点认为，内部资本市场可以提高企业集团内公司的绩效。福韦等（1998）研究发现，由于内部资本市场能对不完善的外部资本市场实现有效替代，在外部资本市场及法律制度落后国家的多元化公司的业绩表现良好。哈纳安和帕莱帕（Khanha and Palepa，1997、2000）对印度工业集团研究发现，在印度内部资本市场是有效率的，能增加企业价值。桑潘沙克（2002）研究了泰国企业集团内部资本市场，认为企业集团的组织结构和公司治理与公司的投资决策显著相关，公司控制、集团规模和集团内部的金融中介等因素都会促进集团内部资本的有效配置。科拉希斯基（Kolasinski，2009）研究发现，企业集团倾向于向下属公司提供担保债务，进而避免具有投资机会的下属公司陷于资金短缺的困境。赫等（He et al.，2013）研究发现，集团内部资本市场缓解了成员企业的融资约束，集团成员企业之间实现了风险的分担。处于企业集团金字塔形底层的成员企业也可以共享企业集团的声誉来提升融资能力（Gomes，2000；Khanna and Palepu，2000），企业集团的共同保险效应也降低了债务成本（Byunetal.，2013），并且内部资本市场缓解融资约束的作用在金融危机期间表现得更为明显（Almeida and Kim，2013）。奥洛和皮克（Holod and Peek，2010）直接研究了银行集团内部资本再分配的运行机制，结果表明，内部资本市场是有效的，它不仅把资本运送到资金相对短缺的分部，而且通过分部之间贷款的买进和卖出将资产（即贷款）从资本化低的分部转移到资本化高的分部。这种内部贷款转让的次级市场利用内部交易避免了独立银行所面临的逆向选择问题，也缓解了银行分部所面临的资本约束。高普兰（Gopalan et al.，2014）结合理论模型与实证检验，通过考察来自亚洲和欧洲共 22 个国家的集团企业和非集团企业发现，当企业集团成员公司拥有投资机会又需要融资时，企业集团中的上市公司会以派发股利的方式为这些拥有投资机会的企业集团成员公司提供现金。巴楚科（Buchuk et al.，2014）使用智利的企业集团中成员企业间的债务关系数据研究发现，内部资本市场更多地解决了融资约束而非表现出利益输送的特征。

（2）无效配置论。内部资本市场损害公司价值主要有三种形式：第一，更多货币效应可能使附属于企业集团的公司比独立公司更倾向于扩大资本预算，导致过度投资；第二，在既定的投资规模下，内部资本市场在企业不同分部或项目之间配置资金缺失效率，第三，企业集团内部资本市场沦为大股东"掏空"上市公司的工具。

松坂和南达（Matsusaka and Nanda，1996）建立了一个内部资本市场的成本和收益的权衡模型，指出内部资本市场的价值依赖于内部现金流和成员企业的投资机会，它随投资机会变动性的增加而增加。在外部市场监督较弱的情况下，管理层在内部资本市场上可以轻易地转移资金，容易导致他们为谋取私利而进行过度投资。星和斯塔尔兹（Shin and Stulz，1998）认为，企业集团在配置内部资金时存在"黏性"，习惯于年复一年地按某一比例进行配置，这种"黏性"的净效应就是导致对某些成员企业的投资不足，而对另一些成员企业进行过度投资。斯坦（2001）也通过研究发现，由于企业存在着较多的现金流入项目和规模融资优势，公司内部有较多的现金流可以自由支配，这极易诱发公司经理的过度投资行为。

松坂和南达（Matsusaka and Nanda，2002）认为，内部资本市场缺失配置效率有可能导致企业整体的竞争力下降，主要表现为两个方面：第一，由于企业集团总部负责资源的融通和配置，他们的决策势必会受到个人利益和个人偏好的影响，将资本投向于对他们有利的分部；另外，当企业集团的某一个分部进入某一行业，或者与其所在的行业内的其他企业进行竞争时，总部就会分配更多的资源对该分部给予支持，这样就必然导致分配给其他分部的资源减少，使得企业整体在新的竞争态势下变得更加脆弱。此外，由于企业存在代理问题和内部信息不对称，会导致企业总部在资源再配置时出现相对好的分部投资不足而对于差的分部却投资过度的低效率的跨部门"交叉补贴"或公司"社会主义"现象，即公司内部的资金流往往会从投资机会较多、项目净现值为正的部门流向投资机会较少、项目净现值为负的部门。代理问题越严重，公司"社会主义"交叉补贴现象越严重（Shinn and Stulz，1998；Raian et al.，2000）。沙尔夫斯泰因和斯坦（Scharfstein and Stein，2000）研究发现，由于内部经理人员的寻租行为、权力斗争和代理问题，造成内部资本市场资本配置的扭曲。拉蒙特和波尔克（Lamont and Polk，2002）研究发现，多元化公司折价随着公司投资机会的多元化而增加，即投资机会的差异将导致内部资本无效配置。拉詹等（Rajan et al.，2000）的经验证据显示，下属公司管理层能够通过游说活动进行寻租，影响母公司 CEO 对内部资本的配置，由此使得集团内部资本市场的资金配置在遵循效率原则基础上，还可能表现出因部门经理人与总部 CEO之间的网络关系而获得特殊权利（Glaser et al.，2013；Duchin and Sosyura，2013），这些寻租行为可能导致资源从投资机会多的分部流向投资机会贫乏的分部，从而损害内部资本市场的资源配置效率。由于内部资本市场的低效，为了避免外部资本市场的监管，内部资本市场配置效率低的企业集团会更少地在外部资本市场进行股权与债务融资，外部融资成本也会更高（Cline et al.，2014）。格雷莫等（Cremers et al.，2009）运用内部管理会计数据对拥有 150家成员银行的欧洲银行集团进行了深入研究，结果显示，"公司政治"在内部资本市场中发挥着重要作用，影响力较大的成员银行可以凭借其影响力从总部获得更多的资金支持。

新兴市场经济国家内部资本市场研究却得出了另一个结论，即由于控股股东与中小股东之间的代理问题，内部资本市场的存在为集团内母子公司之间非公允的关联交易、违规担保和资金占用提供了运作平台。康纳（Khanna，

2000）指出，企业集团内部资本市场和要素市场为控股股东通过关联交易等较为隐蔽的方式"掏空"上市公司提供了可能，在投资者保护较弱的国家，控股股东组建企业集团的目的就是为了通过金字塔股权结构下的内部资本市场来转移公司资源，实现对中小股东的利益侵占（Almeida and Wolfenzon，2006）。林斯和瑟韦斯（Lins and Servaes，2003）认为，在缺少投资者保护的国家，由于外部资本市场信息不通畅、监管不到位，控股股东为满足私有收益对其控股部门有很强的利益侵占动机，通过企业集团内部资本市场进行公司资金、资产的转移，进行利益输送，侵占中小股东利益，从而使内部资本市场功能异化。克莱森等（Claessens et al.，2000）通过对东亚九国的研究发现，控股股东对集团附属公司的利益侵占所带来的成本已经超过了集团内部市场带来的收益。巴等（Bae et al.，2003）通过对韩国企业集团附属企业的并购活动研究后发现，在并购过程内部资本市场为大股东侵占中小股东的利益提供了途径。

4. 企业集团内部资本市场配置效率的测度方法

关于内部资本市场配置效率的测度方法，学者们构建了不同的计量模型，目前业已形成的主要计量方法有：

（1）相对价值增加法。相对价值增加法由拉詹等（Rajan et al.，2000）提出。该方法用相对价值增加（relative value added，RVA）和绝对价值增加（absolute value added，AVA）两个指标来测度 ICM 效率。

其计算公式为：

$$QSI = \sum_{j=1}^{n} \frac{SS_j}{FS_j}(q_j - \bar{q}) \times \left[\left(\frac{CS}{SS} \right)_j - \left(\frac{FC}{FS} \right) \right] \qquad (2-1)$$

公式（2-1）中，I_j 是 j 分部的资本支出；BA_j 是 j 分部资产的账面价值；I_j^{ss}/BA_j^{ss} 是同行业中单一分部公司的资产加权平均资本支出与资产的比值；w_j 是分部资产与公司资产的比率。

比利特和莫尔（Billett and Mauer，1998）运用各分部超额资本支出总额和行业调整的投资回报率作为内部资本市场价值的测度指标，前者反映公司内部资本市场所产生的投资部分，后者反映分部投资的赢利能力。超额资本支出等于分部资本支出减去分部的现金流量，分部现金流量既可以用税前现金流量也可以用税后现金流量表示。企业内部资本市场价值的计算公式：

$$VICM = \frac{1}{AI_s} \sum_{s=1}^{n} \left(\frac{CF_i}{AI_i} - ind\left(\frac{CF}{AI} \right)_{mf} \right) Max[\,Mind(CAPEX_i - CF_i, CAPEX),0\,]$$

$$(2-2)$$

公式（2-2）中，n 是企业的分部个数，AI_i 是第 i 分部的资产或销售额，AI_s 是企业所有分部的资产或销售额的总额，CF_i 是第 i 分部的现金流量（息税前利润加折旧），$ind(CF/AI)$ 是与分部 i 处在同一行业中对应的单一分部企业现金流量与其资产或销售额比率的中值数，$CAPEX_i$ 是第 i 分部资本支出。通过将分部资产收益率指标与分部所在行业的单个分部企业的资产收益率指标的中位数进行比较，判断分部超额资本支出的价值，比利特和毛厄（Billett and Maue，1998）认为，如果 $VICM$ 为正值，说明企业将资本配置到高于行业平均投资机会的分部，企业的内部资本市场是有效率的。

（2）现金流敏感性法测度法。星和斯塔尔兹（Shin and Stulz，1998）运用分部投资机会和其他分部现金流量作为代理变量，分析了分部投资是否依赖于其他分部现金流量。他们建立的模型试图回答：如果其他分部增加 1 元的现金流量，与增加 1 元现金流量的本分部相比，会对本分部的投资产生怎样的影响？其计算公式如下：

$$\frac{I_{i,j}(t)}{TA_j(t-1)} = \beta_0 + \beta_1 \frac{S_{i,j}(t-1) - S_{i,j}(t-2)}{S_{i,j}(t-2)} + \beta_2 \frac{C_{i,j}(t)}{TA_j(t-1)}$$
$$+ \beta_3 \frac{C_{noti,j}(t)}{TA_j(t-1)} + \beta_4 q_{i,j}(t-1) + \varepsilon_{i,j} \qquad (2-3)$$

公式（2-3）中，$I_{i,j}(t)$ 是第 j 企业的第 i 个分部在 t 年的总投资，$TA_j(t-1)$ 是在 $t-1$ 年末第 j 企业总资产的账面价值，$S_{i,j}(t-1)$ 是第 j 企业的第 i 分部在 $t-1$ 年的销售额，$C_{i,j}(t)$ 是第 j 企业的第 i 分部在 t 年的现金流量，$C_{noti,j}(t)$ 是 j 企业扣除第 i 分部的现金流量在 t 年的现金流量总额，$q_{i,j}(t-1)$ 在 $t-1$ 年末第 j 企业的第 i 分部的 Tobins'Q 值。伍尔夫（Wulf，2002）采用类似的方法测度企业分部投资的情况，不同的是，他考虑了企业总部对分部经理的激励和信息等因素。

（3）投资 q 敏感性法。派尔和达萨尼（Peyer and Shivdasani，2001）提出投资 q 敏感性法，该方法可以有效地测算出企业有良好发展前景的分部是否比较差的分部获得较多的投资。其计算公式如下：

$$QSI = \sum_{j=1}^{n} \frac{SS_j}{FS_j}(q_j - \bar{q}) \times \left[\left(\frac{CS}{SS}\right)_j - \left(\frac{CS}{SS}\right) \right] \qquad (2-4)$$

公式（2-4）中，q_j 是分部 j 的估算 Tobin'sq 值，$\bar{q}$ 是企业的销售额加权估算的 q 值，SS_j 是第 j 分部的销售收入，FSq 是企业的销售收入，CS 是分部的资本支出，FC 是企业的资本支出。马卡斯莫维奇和菲利普斯（Maksimovic and Phillips，2000）运用类似的方法，将分部的现金流量替代分部的 Tobin'sq

来测度企业内都资本市场的配置效率。

2.2.2 国内文献回顾

目前，国内关于企业集团内部资本市场的研究，主要集中于对企业集团内部资本市场与外部资本市场的关系，内部资本市场的边界和作用以及内部资本市场是否缓解融资约束提高资源配置效率等方面。

1. 内部资本市场的边界

不完善的外部资本市场与企业之间存在着严重的激励和信息摩擦，企业内部资本市场的形成是必然趋势，内部资本市场与外部资本市场存在着一个合理的边界，由于市场机制的竞争性，当内部资本市场的边际效率下降到一定程度时，外部资本市场就会取而代之（孔刘柳，1998）。杨锦之（2010）以2006～2007年A股上市公司中的系族企业作为研究对象，发现无论在国有系族企业还是民营系族企业中，都存在着活跃的内部资本市场。企业集团内部资本市场的存在，一方面，可以从集团内部集中资金投资不同的业务，使总部以一个风险投资者的角色对内部新成长的业务提供资金援助；另一方面，企业集团可以利用其所具有的整体品牌优势较容易地从外部筹集资金，支持内部众多业务的发展（姚小涛和席酉民，2003）。梁磊和王洪涛等（2003）认为，成熟的企业集团不仅利用外部资本市场来筹措资金、运作集团资产、实现资源的最优配置，还主动地将外部资本市场内部化，以提高资本的利用效率。魏明海和万良勇（2006）认为，内部资本市场的边界与企业的法律边界并不等同，企业集团内部资本市场边界需要从效率与公平双重视角加以区分：从效率角度讲，内部资本市场的边界决定于内部资本市场带来的融资优势以及投资灵活性收益与代理成本增加之间的权衡；从公平角度讲，就是要避免加重上市公司控股股东与中小股东之间、集团内非上市公司与上市公司之间、上市公司的控股股东与债权之间的利益冲突。冯丽霞（2006）提出，内部资本市场交易应在交易主体、交易目的与定位、交易类型与范围等方面与关联交易有所区别，从而提出内部资本市场的本质是租金的创造与分配。冯丽霞和肖一婷（2008）则提出，内部资本市场资源可以分为人力资本资源、财务资源、信息资源和关系资源，内部资本市场资源在企业集团环境中具有网络性和路径依赖的独特属性。

2. 内部资本市场和外部资本市场的关系

内部资本市场与外部资本市场的关系包括两个方面：一是替代关系，二是互补关系。内部资本市场存在可能降低企业对外部资本市场融资依赖程度，从而在融资功能上具有替代效应；就互补关系而言，内部资本市场存在提高了企业外部资本市场融资能力，从而提高了外部资本市场效率（陆军荣，2005）。内部资本市场与外部资本市场的互补关系是从两个市场之间相互作用角度考虑，从功能上来看，外部资本市场和内部资本市场都是配置中长期资金的重要机制，内部资本市场配置资金的效率直接影响到企业集团在外部资本市场上的竞争力，决定企业集团内部融资的成本和数量；外部资本市场运作的效率，则决定企业集团内部融资约束，也在一定程度上决定了集团内部资本市场的规模（李小水，2003）。

对于内部资本市场与外部资本市场是否存在替代与互补关系，不同的学者得出了不同的结论。周监安和韩梅（2003）通过案例研究的方式，证实通过内部资本市场和外部资本市场的互补作用，能够提高资金使用效率，加速资金在成员企业之间的流动，可以使集团总部有充足的资金来为内部各成员企业的投资机会融资，从而放松了集团总部及其成员公司的股权融资约束。王珊珊和王化成（2009）以雅格尔为研究对象，郑洁（2010）以中粮集团为研究对象，研究发现，企业集团及成员企业间的资金相互占用、担保等，形成风险共担机制，增强了企业抗风险的能力，能够有效缓解集团及成员企业的融资约束，从而提升企业价值。

除了案例研究之外，还有一些学者以大样本数据为基础，证实了内部资本市场能够缓解外部资本市场的融资约束问题。邵军（2006）的实证研究结果表明，集团内部资本市场具有放松融资约束功能，控制权越集中，集团内部资本市场放松融资约束的功能越强；王峰娟和王亚坤（2009）研究也发现，内部金融中介强化了资本在分部或项目之间的流动性，内部利率机制使内部资本配置更具市场特征，专业人士使资源配置更为科学，因此，内部金融中介对内部资源配置具有效率增强作用。银莉和陈收（2010）的研究结果也证实，企业集团背景及其内部资本配置可以放松成员企业的外部融资约束，具有基本金融功能的内部资本市场有效存在，能替代和弥补外部资本市场的失效。王秀丽等（2017）的研究证明，高水平内部资本市场运营效率与产融结合在发挥融资功能方而能够发挥替代作用。

3. 内部资本市场资源配置效率

国内关于企业集团内部资本市场资源配置效率的研究，存在三种观点：第一，内部资本市场是有效的，可以缓解企业的融资不足，提高企业价值；第二，内部资本市场的功能已经发生了异化，成为大股东"掏空"上市公司的手段和工具；第三，内部资本市场是否有效，因市场和企业属性不同而有所不同。

（1）内部资本市场资源配置有效论。内部资本市场可以缓解企业的融资约束。在外部资本市场的资源配置效率低下时，内部资本市场可以弥补外部资本市场配置的缺陷（王明虎，2009）。附属于企业集团的成员企业通过内部资本市场来对企业的资本进行配置，降低了企业对融资成本较高的外部资本市场的依赖，其业务发展所需的资本保障和资本成本都将远远低于专门为了发展一项业务而成立的专业化企业（姜付秀和陆正飞，2006）。对于中国现阶段由于外部资本市场缺陷而产生的投资不足行为，内部资本市场能发挥重要资源配置作用，把总部有限资源在项目之间进行合理配置，从而促进股东价值最大化目标的实现（柳士强，2006）。周业安和韩梅（2003）以华联超市借壳上市为例，王峰娟和邹存良（2009）以华润集团为案例，王化成和曾雪云（2012）以三峡集团的内部资本市场为例，他们研究发现，在转型和新兴市场国家，企业通过主动构建内部资本市场，采取内部配置和外部资金相结合的方式可以缓解融资约束，提高了企业价值。另外，集团总部可以通过外部市场筹集到比多个单位企业加总后更多的资源，并利用外部筹资的资源对内部进行有效配置（李娜，2013）。企业集团内部资金结算中心是内部资本的蓄水池，可以按总部的行政命令或价格机制将资金分配到各分部，实现资源配置优化（王峰娟，2011）。周莉和韩霞（2010）以内部资本市场理论为基础，对产融结合的资本配置效应进行了分析，认为产融结合能为企业构造包含金融机构的内部资本市场，缓解企业的融资约束。易兰广（2014）的研究表明，我国企业集团的内部资本市场是有效的，国有企业集团内部资本市场的有效性强于非国有企业集团。马永强和陈欢（2013）的研究也表明，常态经济运行环境下，企业集团通过活跃的内部资本市场来缓解融资约束。王峰娟等（2016）研究发现，我国商业银行的内部资本市场总体上是有效的，但银根紧缩时期银行内部资本市场效率会有所下降，且不同产权性质的商业银行资源配置效率会有所差别，王秀丽等（2017）则探求产融结合与内部资本市场的互动机制对融资约束的影响，他们的研究结果表明，产融结合能够有效缓解企业融资约束，且高水平的内部资本市场运营能够更好发挥资本配置功能，而高水平内部资本市场运营效率与产融结合在发挥融资功能方面能够发挥替代作用。

（2）内部资本市场资源配置无效论。我国学者关于内部资本市场资源配置无效的结论更多地趋向于其功能异化上，即认为在监管不到位的情况下，内部资本市场异化为控股股东利用金字塔股权结构进行利益输送、侵占中小股东利益的工具。

郑国坚和魏明海（2005）认为，影响上市公司 IPO 股权结构的主要因素是控股股东与上市公司 IPO 前的业务关联性、组织形式和产权性质等特征形成的内部资本市场；内部资本市场是控股股东利益输送的渠道，大量的、非正常的内部资本市场运作在我国转轨经济时期，部分已被异化为进行利益输送的渠道（万良勇和魏明海，2006）。邵军和刘志远（2007）以鸿仪系为例，研究结果表明，鸿仪系通过内部资本市场，频繁地进行着内部资本配置，效率的原则服从于最终控制人的"战略"需要。同样，许艳芳等（2009）以明天科技为对象，研究发现，明天科技从外部资本市场筹集的资金并非用于自身发展，而是在控股股东的主导下，通过各种隐秘的内部资本市场运作方式，转移给控股股东及其控制的非上市公司，导致上市公司业绩下滑，中小投资者利益受损。杨棉之（2006）以华通天香集团为例，发现原本在于提高资本配置而存在的内部资本市场部分地被异化为进行利益输送的渠道。与此类似的研究如李宁波和邵军（2007）、万良勇（2006）等，他们分别基于华立系和三九系进行了研究，结论显示，内部资本市场为大股东进行关联交易、侵占中小股东利益提供了平台。究其原因，主要源于"系族企业"的大股东将上市公司作为筹资平台，利用内部资本市场进行"掏空"所致。

除了基于"系族企业"的案例研究之外，还有一些学者利用大样本数据证实企业集团内部资本市场并不能缓解上市公司的融资约束，甚至是无效的。万良勇（2010）的研究结论表明，中国特殊的治理环境和产权安排下，企业集团内部资本市场无法缓解融资约束，存在较严重的利益输送问题，反而使融资约束程度更为加重。李焰和张宁（2007）研究发现，集团控股的上市公司融资约束水平显著高于非集团控股的上市公司。冯丽霞和代杨杨（2009）发现，我国内部资本市场并没有在缓解融资约束方面发挥很大的作用，而集团公司的整体上市也并没有阻止内部资本市场的功能异化，原因在于已整体上市的集团公司比未整体上市的集团公司下属子公司面临的融资约束大。杨棉之等（2010）的研究表明，我国企业集团内部资本市场的配置效率普遍不高，并且民营企业集团的内部资本市场的配置效率要显著低于国有企业集团。魏明海（2013）发现，企业集团关联大股东以关联交易为途径对企业价值产生负面影响，家族关联大股东持股越多、在董事会或董监高中所占席位的比例越大，家族企业的关联交易行为越严重，公司价值折损也越厉害。

还有一些学者对于我国企业集团内部资本市场功能发生异化的原因进行了探析。林旭东（2003）证明了子公司经理的寻租行为是导致内部资本市场配置功能的失灵的原因，且子公司间生产率的差异越大，投资分配扭曲的可能性就越大。邹薇和钱雪松（2005）的研究则表明，融资成本偏低的外部资本市场不仅会促使企业 CEO 过分扩大融资规模，而且会加剧企业内部管理者的寻租行为，导致资本配置不当、投资缺乏效率等不良后果。子公司中少数股东的力量显著影响了子公司的寻租程度，从而导致附属于企业集团的子公司通过大量非经营性占用上市公司资金的寻租行为（陆正飞和张会丽，2010）。曾宏和王后华（2009）的研究表明，中国上市公司的内部资本市场价值主要源于缓解外部融资约束而引起的溢价，而不是由资源优化配置产生；由于投资者对内部资本市场价值反应不充分，内部资本市场缺乏投资者反应机制的治理，内部资本市场功能异化为弥补资金漏洞的工具。

（3）内部资本市场资源配置有效与无效并存。内部资本市场在一定程度上能够提高资本资源的使用效率，缓解外部资本市场带来的信贷配给问题。在一定条件下，内部资本市场也能带来资源的无效率配置（黄福广，2002）。张会丽和吴有红（2011）研究发现，财务资源配置的集中程度与企业经营绩效呈显著的倒"U"形关系，即过度集中或过度分散的财务资源配置都将对企业经营绩效产生不利影响。邵军和刘志远（2008）的研究表明，民营集团内部资本配置有利于其成员企业价值的提升，尤其是规模小的成员企业受益于集团内部的资本配置活动，中央政府为最终控制人的集团，其内部资本配置活动有利于成员企业价值的提升，而地方政府为最终控制人的集团，内部资本配置活动往往不利于其成员企业价值的提升。谢军和黄志忠（2014）研究发现，国有企业集团内部资本市场并没有起到缓解融资约束的作用，而民营企业具有更强的内部资金管理能力，民营企业集团所构建的内部资本市场能够更好地发挥资本配置功能。冯韶华和张扬（2014）的研究表明，融资约束水平与内部资本市场的关联交易资金占用之间总体呈现"U"形的关系，当融资约束程度上升到超过拐点以上时，关联交易资金占用行为缓解成员企业融资约束的功能下降，进而表现为控股股东对上市公司的"掏空"行为，引发内部资本市场的功能异化。在融资约束程度较低的国有上市公司当中，关联交易资金占用的资源配置效应显著，资金会由经营环境确定性高的成员企业向经营环境不确定性程度低的成员企业转移。在融资约束程度较高的上市公司当中，关联交易资金占用的主要目的在于缓解"成功项目"的融资约束，资金会由较高融资约束的成员企业向较低融资约束的成员企业转移，同时引发资源配置效应的下降。张学伟和陈良华（2016）加入了分部相关性来研究 ICM 投资决策流程，他们的研究结论表明，当分部相关性低时，总部对分部项目质量报告信号实施完全"挑选胜者"战略；当分部相关性高时，总部对分部项目质量报告信号实施不完全"挑选胜者"战略，随着分部相关性的变化，总部收益存在一个最低点；当分部经理报酬比例极高时，总部对分部项目质量信号不做任何区分，分部间投资额是一致的；一般情况下，项目风险越大，分部经理获取的信息租金就越多。

2.2.3 文献述评

自 20 世纪 70 年代提出内部资本市场概念以来，国内外学者积累了大量关于企业集团内部资本市场相关研究成果。总体而言，国外学者通常采用两类研究方法分析企业集团内部资本市场发挥的功能与作用：一类是利用纯理论模型分析企业集团内部资本市场资本配置效率，并从理论模型寻找资本配置有效或是无效的原因，另一类则是通过实证研究方法，如通过 Tobins′Q 等变量来分析企业集团是否将资金分配到具有良好发展前景的分部或子公司，以此判断内部资本市场的配置效率及其产生原因。相比较而言，国内学者主要是借鉴西方的理论模型和实证方法，对我国企业集团内部资本市场配置效率进行案例分析和实证检验。虽然近年来，国内外内部资本市场理论研究取得了较丰富的成果，但由于我国企业集团内部资本市场是一个新兴研究领域，目前的研究在很多方面仍存在不足。

第一，缺乏对内部资本市场资本形成动因、配置行为、行为机理及其经济后果的系统研究。目前，国内文献的研究多侧重于企业集团内部资本市场资本配置效率问题，缺少对其产生动因、运作机理和经济后果的系统分析。我国现有文献一般采用案例研究的方式或是实证检验的方式，从控制权角度研究内部资本市场的利益输送功能和"掏空"行为，或是从缓解融资约束的角度，分析内部资本市场对附属于企业集团的成员企业资本配置的影响，关于企业集团内部资本市场形成的制度动因、企业集团内部资本市场效率促进和大股东"掏空"的机理和企业集团内部资本市场对成员企业价值产生何种影响的系统研究相对较少。

第二，关于企业集团内部资本市场配置效率，学者们尚未达成一致意见。相关研究结论形成两种截然不同的观点：一种观点认为，企业集团通过内部资本市场缓解了成员企业融资约束，提高了资源配置效率；另一种观点则认为，企业集团内部资本市场为大股东"掏空"提供了平台和渠道，降低了资源配置效率和公司价值。那么，在我国新兴市场经济和投资者弱保护机制条件下，我国的企业集团内部资本市场是否同时存在效率促进和大股东"掏空"两种效应、不同属性企业集团内部资本市场效率促进和大股东"掏空"哪种效应占据主导地位的相关研究甚是少见。

第三，关于企业集团内部资本市场的配置效率的研究，要么局限于中国新兴资本市场中企业集团内部资本市场更多表现为大股东对上市子公司"掏空"的单边设定，要么是单纯地只研究企业集团内部资本市场发挥效率促进的单边作用，并未将企业集团内部资本市场效率促进与大股东"掏空"置于同一分析框架下分析两种效应的主次地位。

第四，研究内部资本市场资本配置效率的相关文献较多，但从权属性的角度出发，研究内部资本市场对附属于不同产权属性上市公司效率促进抑或大股东"掏空"占据主导地位的效应是否存异质性有所忽视。中国企业集团产生和发展的背景、路径有其特殊性，组织结构及治理结构也具有独特性。例如，国有企业集团主要是在政府的主导下，把一些处于相关产业的企业"捆绑"而成，然后，把集团中的优质资源分拆上市，这样就形成了企业集团金字塔形股权结构；同时，为了实现政府的所有者职能与其社会职能的分离，我国逐步形成了由中央和省、市分级设立国有资产管理机构，再通过"国有资产管理部门——国有资产经营公司——各级实体公司"的三级国有资产管理模式。与之不同的是，由于体制原因，民营企业受到银行的信贷歧视，迫于应对制度的无奈，采取买壳上市或控股已上市公司等方式将一些上市公司纳入旗下，从而也形成了金字塔股权结构。因此，在内部资本市场的相关研究中充分结合中国特殊的制度背景，从产权角度出发，研究附属于不同产权企业集团内部资本市场配置效率就显得十分有必要。

鉴于此，在后文的研究中，我们尝试在借鉴前人理论与实证研究成果的基础上，以内部资本市场有效性研究为切入点和归宿，立足于中国新兴资本市场这一法制制度环境和公司内部治理机制，系统剖析集团内部资本市场产生的制度动因，分析企业集团内部资本市场效率促进和大股东"掏空"的机理，在此基础上，以产权属性为划分标准，将企业集团的上市公司区分为附属性于国有企业集团上市公司和附属于非国有企业集团上市公司，实证检验了企业集团内部资本市场是否同时存在效率促进与大股东"掏空"的双重作用，并最终从企业价值的角度验证了企业集团内部资本市场对成员企业发挥的是价值创造还是价值破坏作用，以全面认识企业集团内部资本市场的功能和效率，为提高企业集团内部资本市场效率从而防范大股东的机会主义行为提供相应对策。

2.3　本章小结

企业集团内部资本市场兴起于 20 世纪 70 年代，企业集团内部资本市场自产生以来，关于企业集团内部资本市场资本配置效率的相关的理论研究和实证检验就从未间断过。关于企业集团内部资本市场效率论和掏空论的理论基础主要有内部资本市场理论、委托代理理论、信息不对称理论、控制权理论和融资啄序理论等。

国外学者关于企业集团内部资本市场资源配置效率的研究结论并不统一，主要有两种观点：一种观点认为，企业集团内部资本市场可以弥补外部资本市场不足，能够提高资金使用效率，加速资金在成员企业之间的流动，可以使集团总部有充足的资金来为内部各成员企业的投资机会融资，从而放松了集团总部及其成员公司的股权融资约束，实现了企业集团及成员企业间的资金融通，形成风险共担机制，增强了企业抗风险的能力，从而提升企业价值。另外一种观点认为，企业集团内部资本市场为大股东"掏空"上市公司提供了一个运作平台，大股东可以方便地通过关联交易、资金占用等手段进行利益转移，子公司的寻租行为与权力斗争使得内部资本市场异化为寻租市场，低效率的"交叉补贴"与"平均主义"导致成员企业投资不足或投资过度，从而降低了企业集团内部资本市场资本配置效率，损坏了成员企业的价值。可以说，近年来，国内外关于企业集团内部资本市场相关研究积累了较丰富的研究成果，但是，关于企业集团内部资本市场形成动因、配置行为、行为机理及其经济后果的系统研究相对较为匮乏，企业集团内部资本市场是否同时存在效率促进和大股东"掏空"的双重作用，以及最终从企业价值的角度验证企业集团内部资本市场对成员企业发挥的是价值创造还是价值破坏作用相关研究甚是少见。鉴于此，在后文的研究中，我们将系统剖析集团内部资本市场产生的制度动因，分析企业集团内部资本市场效率促进和大股东"掏空"机理，在此基础上，以产权属性为划分标准，将上市公司区分为附属于企业集团的上市公司和非附属于企业集团的独立上市公司，实证检验了企业集团内部资本市场是否同时存在效率促进与大股东"掏空"的双重作用，并最终从企业价值的角度验证企业集团内部资本市场对成员企业发挥的是价值创造还是价值破坏作用。

第3章

我国企业集团内部资本
市场形成的动因

我国国有上市公司"从国有企业集团优质资产分拆剥离"的形成路径和民营上市公司"兼并收购—借壳上市"的形成路径决定了我国很多上市公司都处于大股东控制下的企业集团内部资本市场中。我国集团内部资本市场的形成具有深刻的制度根源,从外部资本市场来看,外部资本市场交易摩擦导致的效率损失是企业集团内部资本市场产生的内在根源;从内部公司治理来看,企业集团多层级的组织结构和内部复杂的产权关系使得企业集团具有多重代理关系和金字塔形控股结构,内部资本市场为控股股东"掏空"上市公司提供了便捷的渠道和途径;从政府公共治理来看,为了将政府社会性目标内部化到其控制的上市公司中,政府利用其"扶持之手"和"掠夺之手"推动了企业集团内部资本市场的形成。

3.1 资本市场与融资约束

1937年,科斯在《企业的性质》中指出,由于外部市场不完善、缺乏效率,导致企业交易成本增加,企业便通过一定的组织形式,将一些交易纳入企业内部进行,即以内部市场取代外部市场,从而降低市场运行成本。威廉姆森(1975)在科斯的理论基础之上形成的内部市场理论,认为市场是不完全的,各种交易障碍和机制的缺陷妨碍了许多交易和大量利益的获得;而企业集团可以将交易活动改在集团内部各成员公司之间进行,从而形成一个"内部市场"部分地取代了外部市场,达到克服交易障碍和机制的缺陷,获取更多利润的目的。对于企业集团而言,市场内部化的优势可以得到充分的发挥。通过内部化，企业集团可以将与某一产品相关的生产经营活动置于统一的控制之下，从而避免了买方市场的不稳定性，使该产品的交易成本降到最低水平。此外，通过母子公司之间和子公司之间行政或制度手段制定的内部转移价格，排除市场供求关系的影响，同时，达到了逃避税收、规避风险、转移资金和增加利润的目的。由此可见，企业和市场是两种可以相互替代的资源配置的基本方式，企业集团是一种介于单一企业和市场之间的选择，通过集团及其内部成员企业的自我组织性和市场运作的替代性，从而形成一种有利于资源合理配置的组织方式。

新转型时期的中国具有明显的转型经济与新兴市场特征，不健全的产权保护机制和不发达的市场机制严重影响了契约签订的难易程度、市场交易成本和企业融资力度。企业与外部资本市场的交易摩擦的直接表现就是融资成本的提高和融资约束的加大，而企业集团内部资本市场的建立在一定程度上降低了成员企业的融资成本和融资约束，成为外部资本市场的替代和有益补充。康纳和帕乐谱（Khanna and Palepu，2000）研究认为，几乎所有新兴市场经济国家的企业集团总是与该国的经济发展阶段相联系，是一种用来替代不发达的市场和制度的组织结构。附属于企业集团的成员企业不仅可以通过集团内关联交易、资金拆借、委托贷款等方式绕开外部资金融通的限制，还能将内部资本市场上不完全相关的现金流进行整合，通过协同效应增强集团总体的借债能力（黎来芳等，2009；银莉等，2010），从而缓解企业的融资约束。所以，内部资本市场产生的根源就是集团总部与外部资本市场之间的交易摩擦导致了企业投资效率的损失（Campello，2002）。

3. 1. 1　金融市场与企业融资

企业与金融市场的融资摩擦表现为两个方面：一方面，金融体系的改革使国有银行对国有企业的"金融补贴"不再为继；另一方面，银行对民营企业的"金融抑制"使民营企业的融资约束远远高于国有企业，在这种情况下，企业集团内部资本市场对于缓解企业融资约束和提升企业投资效率具有重要意义。

1. 金融机构贷款是企业融资主要渠道

在我国股票市场和企业债券市场规模相对较小的情况下，银行贷款仍是企业最主要的融资渠道。银行是金融市场的主要力量，对我国经济发展有着举足轻重的作用（程六兵和王竹泉，2015）。根据中国人民银行2016年发布的数据显示，2015 年末，我国实体经济社会融资规模存量为 138.14 万亿元，其中，以债券和股票形式的直接融资余额仅为 14.63 万亿元，比重仅有 12.61%，其余主要是银行或与银行相关的融资来源（尚福林，2014）。勃兰特等（Brandt et al.，2007）根据《中国金融年鉴》（1998～2006）数据统计显示，1998～2006 年，银行借款在中国非金融企业的新增资金来源中占 60% 以上，来自 CS-MAR 数据库的统计也表明，上市公司历年从银行获得的借款数额同样巨大，而且逐年上升，2007 年平均达到 17.86 亿元。

表 3-1 列示了 2010～2015 年金融资机构贷款额和股票市场筹资额，从表 3-1 可以看出，2010 年底，我国各类金融机构所提供的贷款余额已高达 47.92 万亿元，同期，股票市场的筹资额为 1.197 万亿元，金融机构所提供贷款额是股票市场筹资额的 40 倍。随着资本市场的发展壮大和非银行金融不断加入金融市场，截至 2015 年，我国各类金融机构所提供的贷款余额已高达 93.89 万亿元，同期，股票市场的筹资额为 1.097 万亿元，沪深两市上市公司筹资总额为 8295.14 亿元，金融机构所提供的贷款余额是股票市场融资额的近 94 倍，是同期沪深两市上市公司总股本的 113 倍，占整个社会融资规模存量的近七成。由此可见，对于中国企业而言，银行贷款是企业融资的主要渠道。

表 3-1　　　　2010～2015 年我国金融机构付款额与股票市场筹资额

年份	社会融资规模存量（亿元）	金融机构贷款额（亿元）	股票筹资总额（亿元）	A 股筹资额（亿元）	金融机构贷款占比（%）	A 股筹资额/股票筹资总额（亿元）
2010	—	479195.55	11971.93	9606.31	—	0.802
2011	743827	547946.69	5814.19	5073.07	0.737	0.873
2012	901158－157331	629909.64	4134.38	3127.54	0.6997	0.756
2013	1064326－163168	718961.46	3868.88	2802.76	0.676	0.724
2014	1228464－164133	816770.01	7087.44	4834.04	0.665	0.682
2015	1381400－152936	938903.69	10974.85	8295.14	0.680	0.756

注：（1）社会融资规模存量指一定时期末实体经济从金融机构获得的资金金额。
（2）根据中国人民银行年报整理。

2. 国有企业的隐性补贴与国有商业银行改革

（1）国有企业的隐性补贴。中国的金融市场脱胎于经济转轨，其设立的初衷是为了寻找国有企业改革出路和解决国企业融资困境。刘芍佳、孙霈、刘乃全（2003）采用"终极产权论"进行研究，结果发现，在 2001 年，上市公司中有 84% 的上市公司直接或间接地被政府最终控制着，其中，8.5% 的上市公司为政府直接控制，75.6% 的上市公司由国家通过金字塔控股方式实施间接控制。夏立军、方轶强（2005）的统计数据也表明，在 2001~2003 年的上市公司中，79% 的公司被各级政府控制。由于国有企业承担着某些"政策性功能"，一旦国有企业发生亏损，政府就会追加投资、增加贷款、减少税收并提供财政补贴，这种现象被称为"预算软约束"（Komai，1979）。

　　金融机构贷款虽然是企业最主要的融资渠道，但是，对于这个企业融资的主要渠道——银行信贷市场存在严重的"信贷歧视"，即银行将大部分信用提供给了效率低下的国有企业，而盈利能力更好的非国有企业和中小企业却很难得到银行融资（Brandt et al.，2003；陆正飞等，2009；程六兵等，2013）。由于政府具有雄厚的财力，拥有部分国有产权的企业，由政府充当企业隐性的债务担保人，所以国有企业发生违约的情况更小、贷款的成本更低（Borisova et al. 2012）。我国银行对上市公司的信贷政策受上市公司规模的影响，上市公司规模越大，所得到的利率优惠越多，民营上市公司与非民营上市公司相比承担了更高的债务融资成本（李广子和刘力，2009）。袁志刚和邵挺（2010）的研究表明，就资本收益而言，国有企业仅有私营企业的一半；而就银行贷款和政府资助所占投资总额的比重而言，国有企业却高达私营企业的三倍以上。

　　国有企业与非国有企业在金融机构信贷融资成本和数量上的巨大差异有着深刻的体制背景。由于国有企业要保证体制内的产出增长，承担着大量的社会职能，当国有企业发生亏损时，政府通常不会让这些企业破产，而是通过"预算软约束"的方式对其进行补贴。另外，国家和国有商业银行订立一份特殊的金融合约，前者通过风险救助承诺换取由后者提供的金融支持，为国家的投资偏好提供及时的资金支持。这样，在我国当前转轨经济的背景下，政府、企业和银行三者形成了一个双重预算软约束的框架，即政府首先有动机干预国企而做出投资决策，投资的增长必然伴随着对资金的过度需求，政府又会促成国有商业银行对企业的贷款支持。李帅和靳涛（2014）通过建立分割的二元资本市场结构，将政府干预引入国有企业的生产函数，研究发现，政府为了实现稳定社会的政治目的和调控经济的经济目的，需要对国有经济进行扶持，甚至干预国有企业做出过度投资决策，过度投资必然伴随着对资金的过度需求，政府又会促成国有商业银行对企业的贷款支持或是利用审批、许可等权力对资本市场进行干预，使得稀缺的资金配置于国有企业，降低其使用资金的成本，增加对其的投资。最终形成资本市场的垄断结构，主要是银行业中国有银行的垄断地位和股票市场上国有企业对上市权/配股权的垄断。

但是，国有银行对国有企业的补贴却并不能长期维持下去，原因在于国有企业与国有银行的双重预算软约束已经导致国有银行积累了大量的呆坏账，换句话说，国有银行的不良贷款积聚了大量的金融风险。中国国有银行必须经过一系列改革和重组，才能在市场经济的大环境中使自身不良贷款指标得到改善。

（2）国有商业银行的改革。在计划经济时期，中国不存在商业性银行，中国人民银行几乎是中国金融体系的全部，履行着中央银行和商业银行的职能，控制着全国93%左右的金融资产（Allen and Qian，2011）。改革开放之后，我国先后成立了中国银行、中国建设银行、中国农业银行和中国工商银行四大国有银行，此时，中国人民银行成为真正意义上的央行，不再承担商业银行性质的业务。20世纪80年代中后期，除了成立交通银行、中信银行等商业银行外，农村地区恢复了农村信用社，在城市也建立起了城市信用社。信托投资公司等非银行金融机构中介也在这一时期开始出现。尽管新出现的商业银行和非银行金融机构降低了四大国有商业银行市场份额，但总体上银行结构依然高度集中，国有企业的投资在这一期间也由财政拨款改为银行贷款，但并没有真正意义上实现硬约束，只是从"财政软约束"变为"银行软约束"。

国有商业银行同时履行着政策性负担和商业贷款职能，国有企业并没有因为拨改贷而受到资金限制，亏损的国有企业依旧可以从银行获取资金。这导致了国有商业银行累积了大量不良贷款，获取货币化收益的空间日益缩小，而成本却一直在增长。1994年，我国进行了第二次银行改革，成立了国家开发银行、中国进出口银行和农业发展银行，三家政策性银行承担了原由国有商业银行承担的政策性负担，使四大国有商业银行更加关注资产负债比率管理和资产风险管理（林毅夫和孙希芳，2008）。政策性银行的建立并未解决不良贷款问题，原因在于信贷市场上的利率管制和歧视，资金流向道德风险高和经营绩效低效的国有企业，造成资源配置效率严重低下（周业安，1999），并没有使国有企业真正面临硬预算约束。亚洲金融危机的爆发和中国加入WTO促使中国对国有商业银行再次进行一系列改革，以期能够提升效率，努力降低不良贷款水平，成为真正意义上的以利润最大化为目标导向的商业银行（Allen et al.，2011）。1998年，财政部发行了2700亿元人民币的特别国债，为国有四大银行补充资本充足率。1999年，建立了中国长城资产管理公司、中国信达资产管理公司、中国华融资产管理公司和中国东方资产管理公司，按照账面价格购买四大国有商业银行的不良资产，减轻银行负担。这样一方面消除了流动性危机；另一方面可以使银行轻装上阵，为其改革打下良好基础（巴里·诺顿 2010）[①]。

表 3 - 2 列示了各类银行不良贷款的比例。从表 3 - 2 可以看出，2007 ~ 2012 年，大型商业银行和股份制银行的不良贷款比例均逐年下降，这表明四大资产管理公司成立后，分担了压在商业银行身上沉重的不良贷款负担，可以使商业银行对未来贷款采取更加审慎的态度，更加关注信贷的信用风险。但是，由于中国经济结构的调整和整个国民经济增长速度减缓，加之金融危机爆发后，大量中小企业融资遇到瓶颈，许多企业资金链断裂，企业老板跑路时常见诸报端，从而导致 2013 ~ 2015 年各类银行不良贷款比例呈现出一定的上升趋势。但整体而言，股份制银行对于不良贷款控制要好于国有商业银行，城市商业银行明显好于农村商业银行，外资银行不贷款比例最低，这主要是由于国有商业银行仍旧面临软预算约束，出于政治或非经济因素考虑向绩效差的国有企业放贷所致。而股份制银行，尤其是外资股份制银行，则以利润为放贷导向，从而更好地控制了信贷风险。

表 3 - 2　　　　　　　　　各类银行不良贷款比例　　　　　　　　单位：%

年份	国有商业银行	股份制商业银行	城市商业银行	农村商业银行	外资商业银行
2007	8.05	2.15	3.04	3.97	0.46
2008	2.81	1.35	2.33	3.94	0.83
2009	1.80	0.95	1.30	2.76	0.85
2010	1.31	0.70	0.91	1.95	0.53
2011	1.10	0.60	0.80	1.60	0.40
2012	0.99	0.72	0.81	1.76	0.52
2013	1.00	0.86	0.88	1.67	0.51
2014	1.23	1.12	1.16	1.87	0.87
2015	1.66	1.53	1.40	2.48	1.15

数据来源：根据中国银行业监督管理委员会发布的商业银行不良贷款情况表，经作者整理所得。

[①]　巴里·诺顿（2010）指出，一个有效的金融体系可以有效促进投资项目与潜在投资者之间的信息共享。有效的金融市场也可以有效配置风险，并在平衡不同市场参与者可能具有不同风险偏好的同时，也能在满足储蓄者的流动性需求和为生产项目提供大量资金之间找到适当的平衡点。

国有商业银行贷款效益之所以能够不断提升，不良贷款比例呈现出下降趋势，与国有商业银行进行股份制改革密不可分。表3-3列示了四大国有商业银行股份制改革资本募集情况与外资股所占比例。从表3-3中可以看出，2005~2010年，四大国有商业银行基本完成了股份制改革，其不仅实现在中国沪市A股上市，且均在香港交易所发行募集的股本中均有外资参股其中，外资资本的加入，促进国有银行在进行贷款决策时，更加趋向于利润导向和股票价格导向，政府对银行贷款决策的影响作用相对较小。

表3-3 　　　　　　　　　　国有商业银行上市募集资本情况

指标	中国工商银行		中国银行		中国农业银行		中国建设银行	
上市地点	香港	上海	香港	上海	香港	上海	香港	上海
上市时间	2006.10	2006.10	2006.06	2006.07	2010.07	2010.07	2005.10	2005.09
发行价	3.0港元	3.12元	2.95港元	3.08元	3.2港元	2.68元	2.38港元	6.45元
募集资金（亿元）	124.95	46.64	82.86	20.00	93.80	68.5	85.83	580.5
外资比例	7.28%		14.4%		40.8%		14.93%	

数据来源：根据相关资料整理。

国有商业银行股份制改革之后，银行的治理结构更加完善，股东对于经济效益的诉求使国有银行系统的内部付款决策更加科学化，国有商业银行信贷制度也逐渐向市场化和科学化转变。在这种背景下，一方面，国有企业要寻找新的融资渠道和新的融资依靠，另一方面，地方政府也要寻求新的经济增长点和新的给养机制。我国股票市场作为国有企业改革的一项措施正是在这种背景下建立起来的（林毅夫，2004）。

3. 金融抑制与民营企业的"歧视性"待遇

金融市场的发展直接影响到企业的融资行为。当金融市场比较发达时，企业可以根据自身的经营特点不断调整融资策略以达到最优的资本结构，但是，如果金融市场受到人为干预，各种类型的资金价格被扭曲，融资渠道遭遇阻滞，企业就无法根据自身发展要求调整其资本结构，使其达到一个最佳状态，企业融资能力必然受到损害，这就是所谓金融抑制。吴敬琏（2004）指出，虽然我国金融体系在形式上与市场经济国家已经相当接近，但在金融体系的实际运行上仍旧有很大的距离，处在所谓"金融压制"的状态中。金融抑制既存在于证券市场上，也存在于信贷市场上，虽然两类市场中的金融抑制形式表现不同，但是都对企业融资与内部资本市场运作产生深远影响，而且金融抑制环境对民营企业的影响远甚于对国有企业的影响。

中国的银行信贷体系具有显著的抑制特征。抑制的特征之一是贷款利率远高于市场的实际利率，信贷市场存在信贷配给现象。出于政府治理以及维护体制内增长的原因，国有企业一直是银行信贷配给的主要对象，而民营企业一直以来都被银行判定为贷款风险高于国有企业，而受到贷款金额更低和贷款成本更高的信贷歧视（李广子等，2009；孙会霞等，2013）。卢峰和姚洋（2004）的研究表明，四大国有商业银行在银行业中一直占据垄断地位，它们倾向于向国有企业提供信贷。虽然非国有部门对中国 GDP 的贡献超过了 70%，但是它在过去十几年里获得的银行正式贷款却不到 20%。勃兰特和李（Brandt and Li，2003）利用江苏和浙江两省的调查数据研究发现，非国有企业在正规的借贷市场遭受"歧视"，与国有企业相比，这些企业获得贷款的可能性更低、贷款金额更少、获得贷款的条件要求更高。方军雄（2007）比较了 1996~2004 年国有企业和"三资"企业的负债状况，发现与"三资"企业相比，银行发放给国有企业的贷款更多、期限更长，而民营上市公司与非民营上市公司却承担了更高的债务融资成本。

民营企业在信贷市场上受到"歧视待遇"，既有政策性因素，也不乏自身原因。首先，长期以来，我国的国有银行承担了为国有企业提供资金支持的重任，而民营企业的融资却没有受到如此的重视，在很长时间都是依靠民间融资生存发展；其次，从责任推诿机制来看，由于国家对于国有企业存在的政策性倾斜，将资金贷给国有企业，当国有企业资金出现问题时可以将责任推给政府，但贷款对象是民营企业则难以推诿责任，因此，目前的信贷管理机制也催生了对民营企业的歧视；最后，民营企业自身素质确实也存在问题，普遍存在规模较小、成立时间短、信息透明度低等缺陷。

我国的证券市场也是一个典型的受到抑制的市场，这体现在国家对证券市场融资的严格的管制措施。中国政府对于股市的抑制主要体现在数量配给（包括上市公司数量和发行额度两方面）与价格抑制（超低价发行政策）（周业安，2005）。IPO 发行中的抑制政策导致上市公司数量较少，融资数量也非常有限，根本无法满足广大民营企业希望通过股市直接融资的需求。

综上，在间接融资方面，由于独特的体制原因和转型经济的特征，民营企业很难从银行取得大规模的信贷支持。世界银行的研究报告指出，中国民营企业的发展资金，绝大部分来自于业主资本和留存收益。由于民营企业外部融资的制约，集团只有通过内部资本市场来解决集团内部资金的融通与投放。对于那些通过"买壳"实现了间接上市的民营企业而言，一旦买壳成功，民营企业将不遗余力地"充分利用"上市公司这个代价不菲的融资平台，为母公司和附属于企业集团的成员企业融资，以缓解企业集团成员的融资约束。巴曙松等（2005）的研究表明，我国系族企业成长于直接融资渠道不畅，在民营企业可以得到的融资支持力度较小的现状和背景下，被迫寻求其他的融资方式，如"德隆"系以高度控制复杂金融机构的方式，"格林柯尔"以资本市场、银行体系和收购目标共同构成的"收购三角"的方式，这些间接上市的融资方式都是对当下制约其发展的金融市场体系的应对性策略。

3.1.2 股票市场与企业融资

1. 股票发行制度

中国企业的股票发行与上市需要经政府相关部门报批，股票上市审批制度经历了三个阶段，第一阶段是审批制，第二阶段为核准制，第三阶段为注册制。

（1）审批制。中国股票市场设立之初确定了具有中国特色的审批制。审批制的初衷在于将审核决定权交于政府，在相关法律法规不够健全的情形下，通过行政力量威慑股票公开发行过程中的欺诈、违规行为，以保障股票市场的正常运行。审批制可以划分为两个阶段，第一阶段为"额度管理"，第二阶段为"指标管理"。

"额度管理"可以简单地概括为政府有关部门在年初确定一个总的发行额度，然后根据各个行政区划或者部门将总额度进行分配，获得额度指标的公司即可公开发行股票上市。由于额度意味着能够获得实际的资源和利益，因此，各地区、各部门便想尽办法去最大限度地争取额度。额度管理的制度性缺陷主要表现为两个方面：第一，额度分配使得某些地区的优质企业因获取不到相应的额度而无法上市，相反，一些差的企业反而可以公开发行并上市获得发展资金，最终影响我们国家上市公司的整体水平。第二，股票发行额度的提前确定，导致股票发行难以与股市的波动同步。"指标管理"可以概括为"控制总量、限报家数"的管理办法，具体做法是：政府相关部门在年初的时候确定一个总额度，证券监管机构以总额度为准并结合当下的股票市场情况，下达各个地区以及各个行业部门可以申请的企业个数上限，审核通过的企业即可公开发行股票并上市。相比额度管理，指标管理增加了限制上市企业数量的条件，有一定的进步意义，缺陷亦是明显的，例如，阻挡了民营企业进入资本市场的渠道和忽略公司本身质量等问题。这种严格的审批制，看似能够保护投资者权益，其实无形中助长了投资者的过度自信与投机侥幸心理，导致大量的个人投资者在对资本市场知之甚少的情形下大肆杀入新股发行和二级市场进行投机炒作。

（2）核准制。正是由于审批制所暴露出的种种问题，加之我国股票市场的不断成熟和发展，1999 年 7 月实施的《证券法》明确要求我国的股票公开发行实行核准制。核准制具体通过通道制来实现，即证券监管机构直接确定具有主承销商资格的各类综合类券商可以拥有的推荐发行的企业数量，获得通道的发行企业根据券商的要求按照先后顺序进行排队，券商逐一进行审核后按顺序上报给证监会核准的制度，通道数范围限制是 2 ~ 8 个之间。

通道制期望通过券商的辅助审核来缓解证监会的审核压力，改变了审批制下的强烈计划色彩，适时地督促了券商应当履行勤勉尽职调查义务，一定程度上提高了上市公司质量，具有一定的进步意义。但在实际操作中，通道制增加了券商和发行企业相互勾结的可能性，导致资本市场难以发挥市场优胜劣汰的作用，从而降低了资源配置的效率。

（3）注册制。2004 年 2 月 1 日，《证券发行上市保荐制度暂行办法》的正式实施，标志着核准制下的"保荐制"被正式采用，并沿用至今。它是指股票公开发行人应该聘请具有保荐资格的机构（证券公司）担任保荐人，负责股票发行的主承销工作，依法对公开发行募集文件进行核查，向中国证监会出具保荐意见，并在上市发行后持续督导发行人履行相关义务的一项审核制度。保荐制的核心在于保障了证监会的审核时间和能力有限的基础上增加一道"防火墙"，凭借保荐人所拥有的专业知识以审核公开发行人所提交的文件是否真实，并以保荐人承担连带责任的方式督促保荐人必须尽到勤勉义务，否则证监会和投资者就可以对其进行问责。

股票发行上市的制度从审批制变迁为注册制，表明我国股票市场由政府完全行政干预逐步向市场化迈进，但是，监管过程中，证监会却对股票市场的行政干预并未完全放开，对股票公开发行的数额与进度也进行着严格控制，拟公开发行上市企业一般需要排队进行漫长等待以及经历烦琐严格的审批程序才能踏入证券市场大门，以至于上市成为一种稀缺资源。

2. 股票市场与企业融资

由于中国股票市场设置了较高股票发行和上市门槛，相对于中国数以千万计的整个企业群体而言，能在股票市场上市融资的企业可以说是凤毛麟角。

表3-4列示了中国企业法人数与上市公司数量之比。从表3-4可以看出，伴随着中国经济的发展，中国企业法人数每年以10%以上的速度增加，其中，第二产业法人数的比重逐年下降，取而代之的是第三产业法人成为整个法人群体中的主体，这与中国经济产业转型密不可分。2010年，中国企业法人数为6517670家，第二产业法人数约为2568818家，第二产业法人数占整个企业法人数的比重为39.41%，其中，在上交所上市的公司只为894家，在深交年上市的公司只有1169家，整个A股的上市公司为2063家，占第二产业企业法人数的比重仅为0.08%，截至2015年，中国企业法人数增加为12593254家，第二产业法人数占整个企业法人数的比重下降为28%，其中，在上交所上市的公司只为1081家，在深交年上市的公司只有1746家，整个A股的上市公司为2827家，占第二产业企业法人数的比重仍为0.08%。从上述统计数据可以看出，对于中国绝大多数企业而言，通往上市融资之路的大门是关闭的，企业只能选择银行信贷或是民间借贷以及其他的融资渠道。

表3-4　　　　　　　　　　企业法人数与上市公司数量

	2010 年	2011 年	2012 年	2013 年	2014 年	2015 年
企业法人数（家）	6517670	7331200	8286654	8208273	10617154	12593254
第二产业法人数（家）	2568818	2758483	2949694	2743347	3244154	3544975
上交所上市公司数（家）	894	931	954	953	995	1081
深交所上市公司数（家）	1169	1411	1540	1536	1618	1746
A 股上市公司数（家）	2063	2342	2494	2489	2613	2827
第二产业法人数/企业法人数	0.3941	0.3763	0.3560	0.3342	0.31	0.28
A 股上市公司数/第二产业法人数	0.00080	0.00085	0.00085	0.00091	0.00081	0.00080

数据来源：2011~2016年的《中国统计年鉴》。

表3-5列示了中国股票市场总市值、银行总资产与GDP之比。从表3-5可以看出，截至2015年底，中国境内上市公司总市值为531462.70亿元，股票总市值与GDP之比由2010年的64.5%提高到2015年的77.1%。2015年，

沪深两市日均成交 171039.48 亿元，A 股筹资 10974.85 亿元，两项指标均创历史最高水平。但与银行资产相比，中国的证券化率仍较低。2010～2014 年，银行总资产占 GDP 的比重虽然在下滑，但其占比均在 50% 以上，超过股票总市值占 GDP 之比。2014～2015 年，随着我国股票市场由低迷状态向牛市转变，股票总市值占 GDP 之比超过了银行总资产占 GDP 的比重，占比分别为 77.1% 和 46.1%。

表 3-5 中国股票市场总市值、银行总资产与 GDP 之比

年份	股票总市值（亿元）	银行总资产（亿元）	GDP（亿元）	股票总市值/GDP	银行总资产/GDP
2010	265423.00	259274.89	411265.2	0.645	0.630
2011	214758.00	280977.60	489300.6	0.439	0.574
2012	230357.62	294537.19	540367.4	0.426	0.545
2013	239077.00	317278.55	595244.4	0.402	0.533
2014	372546.96	338248.79	643974.0	0.579	0.525
2015	531462.70	317836.97	689052.1	0.771	0.461

数据来源：2011～2016 年的《中国统计年鉴》。

我国股票市场虽然近年来发展迅速，但在资源配置方面所起的作用依然相对有限，原因在于我国股票市场不是随着经济发展自发产生的，而是政府直接推动下的经济体制改革的结果。股票市场在设立之初就定位在为国有企业解决资金困难，从而形成了"以国有股和国有法人股为主体"的政府垄断型股权结构和"以非流通股为主体"的二元化股权结构，这不仅使股票市场成为国有企业融资的主要场所，也限制了非国有企业的融资和配股行为。艾伦等（Allen et al.，2005）从 1100 多家上市公司的抽样调查中发现，80% 以上的公司是国有企业改制上市的；非国有经济融资缺乏政策上的支持，还表现为企业的股权融资申请更难以得到满足。祝继高和陆正飞（2011）研究了企业产权性质对配股行为的影响，他们的研究结果表明，符合配股条件的民营企业发布配股预案的比率很低，被批准实施配股的比率也更低。

虽然中国已基本完成股权分置改革，但国有企业和民营企业在证券市场上仍可能被区别对待。一方面，转型经济中的国有企业承担着维持地方就业、提供地方性公共物品等社会性负担，因此，政府要为其提供补贴和政策性贷款

等；为实施重工业优先发展战略，国有企业多为资本密集型，在资本稀缺的情况下生存困难，然而为稳定基本物价，国有企业产出价格多低于市场价格，难以弥补生产成本（Lin et al.，1998，2008）。因此，国有企业因承担了一定的社会和政策负担而面临预算软约束，当其支出超过收益时，地方政府有强烈的动机对其实施税收优惠和财政补贴等保护措施，降低其运营难度。另一方面，地方政府为维护地区经济形象和提升自身政绩，往往会对亏损国有企业给予更多补贴。地方官员的绩效考核与经济发展水平相挂钩，官员为了得到政治晋升，往往大力发展地方经济。国有企业是某地区的支柱和主导产业，企业对地方产出总量的贡献较大，吸收就业的能力也较强，对本地的经济影响较大。若国企出现连续亏损而被摘牌退市，势必严重影响地区经济状况，并对官员政治绩效产生严重负面影响。因此，地方政府有动力提供财政补贴帮助亏损国有企业扭亏为盈，以维护该地区经济形象，维护地方官员"面子"和政绩。

另外，我国的国有上市公司很大一部分由国有企业剥离重组而来。为了符合上市要求，处于金字塔顶端的母公司需把一些不良资产及非经营性资产剥离，由母公司和其他附属于母公司的子公司承担起来。这种处于同一母公司控制的金字塔形的企业集团彼此在产权方面和交易方面存在丝丝缕缕的联系。即使新成立的国有上市公司能够正常获利，但是其母公司和其他附属于母公司的子公司自身经营状况并没有得到改善。相反，由于在上市过程中承担了几乎所有社会性负担，母公司和其他附属于母公司的子公司的经营状况更糟糕了。母公司之所以愿意为国有上市子公司承担社会性负担，并花费大量的资金为其包装上市，目的不只在于按股权比例分配这家国有上市公司的盈利，而更重要的是利用国有上市公司的融资能力为母公司和其他企业集团成员获得更多的资本。这样，国有上市公司就成为母公司在股市融资的手段（林毅夫，2004）。这就意味着内部资本市场某种程度上是充当了国有企业的替代性补贴来源。

3.1.3　债券市场与企业融资

1. 债券发行程序

中国债券市场起步较晚，开始于 1981 年国债的恢复发行。1995 年，上海证券交易所和深圳证券交易所挂牌交易国债。1997 年 6 月，中国人民银行发布了《中国人民银行关于各商业银行停止在证券交易所证券回购及证券交易的通知》，该文件要求商业银行退出证券交易所，债券市场（场外市场）正式启动。

近年来，债券市场的交易品种日趋丰富，既有企业（公司）债券，又有通过银行间市场交易面向机构投资者的短期商业票据。但是，相比较于国外市场，中国政府对债券发行的管制依然比较严格，大中型企业尤其是国有大中型企业比较容易取得债券融资，而中小企业则通过债券融资工具成功融资的数量较少。

我国债券发行的审批程序和监管主体涉及多个政府主管部门，手续比较烦琐。图 3-1 列示了我国债券发行的审批程序和监管部门。从图 3-1 可以看出，企业（公司）债券的发行，涉及地方政府、国家发改委、中国人民银行和证监会等部门。企业发行债券首先要得到省级政府（发改委）的同意，并由省发改委报国家发改委审批，由中国人民银行核准债券利率，如果债券要上市，还要经过证监会，最终由两个部门会签才能在证交所上市。中国人民银行是银行间市场的监管机构，证监会是证券交易所交易证券的监管机构。审批程序的复杂性和监管的多部门性造成公司融资时间较长。

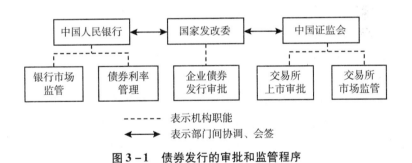

图 3-1　债券发行的审批和监管程序

2. 债券市场与企业融资

（1）企业债券融资规模。近三十多年来，中国企业债券市场规模的扩大经历了较大的起伏，取得了较快的发展。但是，由于我国的债券市场起步相对较晚，加之发行条件较为严苛，程序较为复杂，所以企业通过债券市场融资的规模相对较小。表 3-6 列示了 2007~2015 年中国企业债券发行额与GDP 之比。

表 3 - 6   中国企业债券发行额与 GDP 之比

年份	企业债券发行额（亿元）	GDP（亿元）	股票发行额（亿元）	企业债券发行额/GDP 之比（%）	企业债券发行额/股票发行额（%）
2007	5058.50	270232.3	8742.21	1.87	57.86
2008	2366.90	319515.5	4843.88	0.74	48.86
2009	4252.33	349081.4	6617.00	1.22	64.26
2010	3628.53	411265.2	13463.21	0.88	26.95
2011	3485.48	489300.6	9594.24	0.71	36.33
2012	7999.31	540367.4	8262.99	1.48	96.81
2013	6252.00	595244.4	9429.65	1.05	66.30
2014	7134.24	643974.0	10798.34	1.11	66.07
2015	7895.76	689052.1	11685.21	1.15	67.57

数据来源：根据《中国证券期货统计年鉴》整理而得。

从表 3 - 6 可以看出，2007 年以来，我国企业债券市场规模迅速扩大，债券的发行额由 2007 年的 5058.50 亿元增长至 2015 年的 7895.76 亿元。2007 ~ 2015 年，我国企业债券发行额占 GDP 的比重除了 2008 年、2010 年和 2011 年低于 1% 外，其余各年均高于 1%。且从发展趋势来看，2008 ~ 2011 年为企业债券市场的调整时期，债券发行的整体规模呈现出停滞不前萎缩态势。但是，随着近年来企业债券低风险、稳定收益以及可能的资本利得等优势的体现，在全社会融资中所起的作用越来越大，2012 ~ 2015 年，企业债券发行额占 GDP 比重有所上升。但是，总体而言，企业债券发行额占 GDP 的比重相对较小，从均值角度上看，2007 ~ 2015 年，我国企业债券发行额占 GDP 的平均比重仅为 1.13%，企业发行债券融资规模之小可见一斑。

从企业融资角度来讲，发行债券和发行股票是企业外源筹资的两条主要途径，二者的协调发展共同组成了功能完善的资本市场。从表 3 - 6 可以看出，2007 ~ 2015 年，企业债券发行额均低于股票发行额，其中，占比最低的年份在 2010 年，企业债券发行额占股票发行额的比重仅为 26.95%；占比最高的年份在 2012 年，企业债券发行额占股票发行额的比重为 96.81%。近些年来，我国企业债券市场发展迅速，企业债券发行额占股票发行额比重也在逐步上升。但从整体看，与发达国家企业债券市场相比，我国"重股轻债"的现象仍然明显。

（2）企业债券发行量占比。表 3 - 7 列示了我国债券市场上各类债券发行额所占比重。从表 3 - 7 可以看出，2007～2015 年，企业债券发行额占全国债券发行总额的比重最高仅为 9.97%，而国债发行额占债券发行总额的比重最高为 22.94%，相应的，金融债的比重最高为 32.35%；从均值角度来看，2007～2015 年，企业债券发行额占债券发行总额的平均比重为 5.96%，国债为 21.35%，金融债为 23.40%。可见，在国内债券市场上，债券品种的结构相对失衡，国债与金融债的发行额占绝对主导地位，企业债券发行额占债券发行总额的比重相对较低。由此可见，企业债券融资规模占整个债券市场发行额的比重相对较小。

表 3 - 7 我国各类债券发行比重统计分析

年份	企业债券（亿元）	国债（亿元）	金融债（亿元）	债券发行总额（亿元）	企业债券/债券发行总额（%）	国债/债券发行总额（%）	金融债/债券发行总额（%）
2007	5058.50	23139.10	12082.68	80163.36	6.31	28.86	15.07
2008	2366.90	8558.20	12098.98	71732.16	3.30	11.93	16.87
2009	4252.33	17927.24	14524.10	87286.22	4.87	20.54	16.64
2010	3628.53	19778.30	14122.20	96408.63	3.76	20.52	14.65
2011	3485.48	17100.00	23491.20	77231.52	4.51	22.14	30.42
2012	7999.31	16154.20	25962.50	80245.86	9.97	20.13	32.35
2013	6252.00	20230.00	26890.03	88178.65	7.09	22.94	30.49
2014	7134.24	23452.17	28659.67	96258.40	7.41	24.36	29.77
2015	7895.76	25683.98	30146.40	123750.27	6.38	20.75	24.36

数据来源：根据《中国证券期货统计年鉴》整理而得。

3.1.4 企业融资约束与内部资本市场

从上述资本市场的分析来看，不论是银行信贷资，还是股票市场融资，抑或是债券市场融资，由于信息不对称等因素的存在，资本市场是不完美的，外部融资成本要高于内部融资成本，企业存在较高的融资约束。企业集团内部资本市场可以将不完全相关的现金流进行整合，从而提高公司整体的财务协同效应，降低整个企业集团陷入财务困境的可能性。同时，企业集团内部资本市场产生的现金流可以减少公司内部现金流的波动，从而增强公司债务融资承受能力，因此，企业集团可以产生更大规模的外部融资效应（Lexvelleri，1971）。梅耶和迈基里夫（Myers and Majluf，1984）认为，信息不对称的存在致使外部资本市场产生融资约束，当企业与外部资本市场的信息不对称严重到一定程度时，企业可以通过并购、重组等方式构建内部资本市场，以满足净现值为正的投资项目的资金需求，从而缓解外部融资约束，从而有效地解决企业投资不足问题，有利于提升企业价值（Stulz，1990）。

内部资本市场一方面可以通过集团内部资金的调配，将资金从富余分部调拨给资金短缺分部，以缓解融资约束程度；另一方面，可以凭借集团规模优势和信誉优势从外部资本市场获得数量更多、成本更低的资金，以缓解集团投资项目融资的不足，从而降低融资成本，提高项目融资效率（Tirole，2001）。阿尔梅达和沃尔芬森（Almeida and Wolfenzon，2006）的研究证实，企业集团的金字塔形股权结构具有内部融资优势，当新设企业的可保障性收益对于外部投资者来说有限时，集团企业大股东通过金字塔形股权控制，可以用于控股企业实现的全部收益为新设企业提供融资。还有一些实证研究表明，当新设公司属于资本密集型和高成长型企业时，企业集团金字塔形股权结构的杠杆融资优势更为明显，这也是金字塔形股权结构在新兴市场家族企业中普遍存在的一个重要原因（Ahneida et al.，2011a；Bena and Ortiz - Molina，2013）。赫等（He et al.，2013）的研究表明，集团内部资本市场缓解了成员企业的融资约束，实现了集团成员企业之间的风险分担，企业集团内部资本市场既是对不完善的外部资本市场的替代，也是对其的补充（Chittoor et al.，2014）。

国内一些学者的研究也表明，企业集团内部资本市场的存在可以降低企业对外部资本市场融资依赖程度，从而在融资功能上具有替代效应；内部资本市场存在提高了企业外部资本市场融资能力，从而提高了外部资本市场效率影（陆军荣，2005）。周监安、韩梅（2003）通过对华联超市借壳上市的案例分析研究发现，在有效的内部资本市场和外部资本市场互补作用下，集团总部就可以有充足的资金来为内部各成员企业的投资机会融资，并通过投资机会的排序和内部资金再分配来强化控制力；通过内部资本市场的有效运作可以使成员企业达到再融资标准，从而放松了集团总部及其成员企业的股权融资约束。王珊珊和王化成（2009）以雅戈尔集团为研究对象，认为集团内部资本市场形成风险共担机制，增强了企业抗风险的能力，从而较好地解决了资金的需求问题。郑洁（2010）以中粮集团为研究对象，研究表明，中粮集团通过集团和成员企业间的资金相互占用、担保等，有效缓解了集团及成员企业的融资约束，从而提升企业价值。

在实证方面，邵军（2006；2008）研究发现，企业集团通过内部资本配置，能够放松成员企业所面临的融资约束。控制权越集中，集团内部资本市场放松融资约束的功能越强，民营集团内部资本市场放松融资约束功能更加显著，在市场中介组织发育和法律制度环境越好的地区，内部资本市场放松融资约束的功能较强。银莉和陈收（2010）的研究结果表明，企业集团背景及其内部资本配置可以放松成员企业的外部融资约束，具有基本金融功能，能替代和弥补外部资本市场的失效。谢军和黄志忠（2014）的实证结果则表明，民营企业具有更强的内部资金管理能力，民营企业集团所构建的内部资本市场能够更好地发挥资本配置功能，内部资本市场对区域金融市场具有显著的功能替代效应，内部资本市场在金融发展程度较低的区域能够更好地发挥融资功能。

3.2　公司治理和代理问题

企业集团是以资本关系为纽带联结在一起的多个法人的企业联合体。企业集团的治理机制是建立在单个法人企业治理基础之上，与一般企业只涉及所有者与经营者之间单一的代理层次问题相比较，企业集团内部的代理关系和代理问题则具有多层次性和复杂性。从公司治理角度看，大股东控制以及企业集团金字塔形组织结构导致的代理问题也是我国上市公司内部资本市场形成的重要原因。企业集团多层级的组织结构和内部复杂的产权关系加大了代理链条的长度，使得集团内代理冲突比独立企业更为严重。附属于企业集团的成员企业利用关联交易、相互担保等非公允手段"掏空"上市公司，从而侵占中小股东利益（Johnson et al.，2000；刘星等，2010），但是，利益输送目标的实现很大程度上都是依赖于内部资本市场的运作。

3.2.1　股权结构与代理问题

1. 股权高度集中

美国由于法律限制等因素的制约，大股东控股的公司相对还不普遍，但是美国公司的股权也并非完全分散，由家族或有钱的投资者控制的公司远比人们原先所想的要更普遍，而在世界其他国家，大股东控股是非常常见的现象。德国的大型商业银行通过代理投票机制经常控制主要公司1/4以上的投票权，同时，作为直接股东或债权人只拥有少量的现金流量权；日本则存在大量的交叉持股以及主银行持有股权的情况，法国的交叉持股以及大股东控制非常普遍；而在其他国家，包括欧洲（如意大利、芬兰、瑞典等）以及拉丁美洲、东亚、非洲等地区，企业的股权结构相对而言是较为集中的（Shleifer and vishny，1997；Becht and Boehmer，2003；Chemykh，2008）。

中国上市公司股权结构呈示出股权较为集中的特点。宋献中和李源（2006）以上市公司第一大股东持股比例、前三大股东持股比例以及前五大股东持股比例作为衡量股权集中度的指标，对2004年沪、深两市国有与民营控股上市公司股权集中度进行对比分析表明，国有与民营控股上市公司第一大股东平均持股比例分别为45.81%和32.81%；前三大股东平均持股比例分别为57.63%和50.49%；前五大股东平均持股比例分别为60.41%和55.19%。

表3-8列示了2015年我国附属于国有企业集团和民营企业集团上市公司股权集中度情况。从表3-8可以看出：全样本下第一大股东的平均持股比例为34.87%，附属于国有企业集团的上市公司的第一大股东持股比例为38.79%，附属于民营企业集团的上市公司的第一大股东持股比例为32.51%，国有企业集团上市公司比民营企业集团上市公司第一大股东持股比例高6.28%，这说明国有企业集团"一股独大"的程度远远高于民营企业集团。从第二大股东到第五大股东持股比例来看，附属于民营企业集团的上市公司第二、第三、第四和第五大股东持股比例的均值都要高于附属于国有企业集团的上市公司；以第二大股东持股比例为例，附属于国有企业集团的上市公司第二大股东持股比例为8.56%，而附属于民营企业集团的上市公司第二大股东的持股比例为10.24%，附属于民营企业集团的上市公司第二大股东的持股比例比相应的国有企业集团上市公司的相应数值高近2%。如果以第二、第三、第四和第五大股东持股比例和第一大股东持股比例的比值来度量股权制衡度，则附属于国有企业集团上市公司的股权制衡度为0.39，民营企业集团上市公司的股权制衡度为0.63。显然，民营企业集团上市公司的股权制衡度高于国有企业集团控股的上市公司。在大股东具有超强控制权的股权结构中，典型的治理问题表现为大股东与中小股东之间的利益冲突。股权结构的特殊性也大大增加了激励和约束机制的设计难度，使公司治理的制衡功能不能有效发挥。孙永

祥（2001）提出了股权性质能够对公司治理水平产生显著影响的观点，不同股权性质下，公司治理机制如董事会、经营者激励、敌意收购、代理权竞争和监督机制等发挥的作用也不同。

表 3 - 8　　　　　　　2015 年国有与民营控股上市公司股权集中度

指标	全样本		国有企业集团		非国有企业集团	
	均值	中位数	均值	中位数	均值	中位数
第一大股东持股比例（%）	34.87	32.91	38.79	37.34	32.51	30.53
第二大股东持股比例（%）	9.61	7.99	8.56	5.53	10.24	8.91
第三大股东持股比例（%）	4.34	3.29	3.33	2.21	4.95	4.09
第四大股东持股比例（%）	2.64	2.04	1.91	1.42	3.08	2.50
第五大股东持股比例（%）	1.87	1.45	1.32	1.02	2.21	1.78
样本数（家）	2726.00		1023.00		1703.00	

数据来源：国泰安数据库。

近年来，随着股权分置改革的不断推进，不少国有企业控股的上市公司依托资本市场逐步建立健全了法人治理机构和内控机制，透明度和规范发展水平显著提高。但是，由于脱胎于传统国有企业，受到体制性和机制性因素的制约，中国的国有企业控股上市公司在规范发展方面还存在不少薄弱环节，集中表现上市公司独立性不足，控股股东"越位"干涉上市公司内部事务和股东"缺位"下的内部人控制现象还都不同程度地存在，公司运作的透明度有待进一步提高，上市公司法人治理结构中"形备而神不至"的问题还没有从根本上得到解决，等等。在一些上市公司中，集团公司的董事长或总经理甚至兼任上市公司的董事长或总经理，从而形成"内部人控制"，加上有关的法律法规不健全，导致控股股东和集团公司得以通过大量的非公允的关联交易等方式对上市公司进行掠夺，侵害中小股东的利益。当然，国有企业集团中存在的公司治理不完善问题，在民营企业集团中也同样存在。通常表现为控股股东或少数高管人员大权独揽，受中小股东、董事会、经理人员和员工的约束很小，表现出浓厚的"家族公司"色彩。即使在产权关系基本清晰的家族型企业集团中，由于产权结构的封闭性和单一性。很难形成重大决策的监督和制衡机制，从而导致较高的公司治理风险。

2. 金字塔形控制权结构

从公司控制结构的角度，上市公司大致可以分为两类：拥有终极控制人①的公司和分散持有股权的公司。在第一种公司中，终极控制人取得实际控制权与控制地位的方式主要有两种：（1）在一股一票的情况下，持有公司足够多的股份；（2）在一股一票的情况下，通过金字塔股权结构等方式在持有较少份额现金流权的同时取得公司的实际控制权。在中国"国退民进"的大背景下，个人、家族、集体企业或外资方作为股权受让方，通过企业集团、金字塔股权结构或者交叉持股来获得上市公司的实际控制权。金字塔股权结构的使用会导致控制权与现金流权的分离，其被对投资者保护较弱的国家广泛采用。沃尔芬森（Wolfenzon，1999）研究发现，企业集团可以方便地实现现金流权与控制权的分离，降低了控股股东获取公司控制权所需持有的现金流权比例，从而降低了控制权私人收益对控制权共享收益的抵消作用。康纳（Khanna，2000）研究表明，集团内部形成的资本市场和要素市场为控股股东通过关联交易这种最为隐蔽的路径"掏空"上市公司提供了可能。克莱森等（Claessens et al.，2000）探讨了东亚九个国家总共 2980 家上市公司的股权结构，结果发现，终级人控制广泛存在于东亚公司中，且有许多公司的终极控制人会通过金字塔结构、交叉持股与互为董事等方式达到控制公司的目的，造成控制权与现金流权偏离"一股一权"的不合理现象，并使得其所掌握的控制权超过其所拥有的现金流权，在此情况下，终极控制人就可能通过转移收益和掏空公司资产等方式，侵占中小股东的财富，并且产生道德风险和逆向选择的代理成本。法恩等（Fan et al.，2005）认为，对于国家与非国家实体的最终控制人都存在公司层级来控制上市公司，但两种建立公司层级的行为受到不同产权限制的影响。政府部门由于受到法律的限制无法自由转让所有权，而公司层级使得他们能够将公司决策权下放给管理层，同时保证所有权不被转让。而民营公司由于受到外部融资的约束，建立公司层级来形成内部资本市场。

表 3 - 9 列示了 2015 年我国不同终级控制人控制的上市公司的现金流权、控制权及其比值。从表 3 - 9 可以看出，政府作为终极控制人控制的上市公司现金流权和控制权均值分别为 27.02% 和 32.36%，而民营企业的现金流权和

---

① 《上市公司股东持股变动信息披露管理》将股份终极控制人定义为：股份终极控制人是指股份未登记在其名下，通过在证券交易所股份转让活动以外的股权控制关系、协议或者其他安排等合法途径，控制由他人持有的上市公司股份的自然人、法人或其他组织。

控制权均值分别为 21.34% 和 25.78%；就现金流权和控制权之比而言，国有企业的均值为 0.83，民营企业均值仅 0.61，国有企业的现金流权和控制权之比高于民营企业的现金流权和控制权之比，其原因在于政府控制的上市公司大多数是由国有企业改制上市的，上市之初政府的控制比例就比较高且倾向于绝对控股，而民营企业能够投入的现金流量相对有限，通常通过金字塔股权结构等方式构建"系族企业"，由于控制链条较长，层级较多，控制多家上市公司比控制单一上市公司的现金流权和控制权的分离系数要大。因此，民营企业只需投入相对较少的现金流量，就可以取得更多的控制权。

表 3 - 9　　　2015 年不同终级控制人控制的上市公司的现金流权、控制权及其比值

指标	现金流权		控制权		现金流权/控制权	
	国有企业	民营企业	国有企业	民营企业	国有企业	民营企业
均值	27.02	21.34	32.36	25.78	0.83	0.61
中位数	24.85	19.08	31.36	24.97	0.80	0.58
标准差	18.07	34.16	18.03	46.32	1.00	0.74
最大值	99.00	65	99.00	72	1	0.90
最小值	0.00	0.00	0.00	0.00	0.00	0.00
样本数	1023.00	1703.00	1023.00	1703.00	1023.00	1703.00

数据来源：国泰安数据库。

通过上述分析可以看出，国有控股上市公司股权集中度较民营控股上市公司高。不管是国有控股还是民营控股上市公司，其终极控制人大多是通过金字塔股权结构加强控制权，从而导致了控制权与现金流权的分离。这种控制结构可能产生的经济后果是：（1）终极控制人既有动机也有能力侵占中小股东利益，从而降低公司价值。克莱森等（Claessens et al., 2002）认为，控股股东的现金流权与公司的价值正相关，而其控制权与公司的价值负相关。（2）拥有复杂控制结构的企业集团可能会产生较大的金融风险。大部分企业集团内部的控制关系相当复杂，其具体运作方式也非常隐蔽，而且往往同时包括金融机构，涉及广泛的社会资本，因此，企业集团的存在也给资本市场带来巨大的动荡。

3. 股权结构与大股东"掏空"

大股东的存在为缓解管理层和股东之间的代理问题提供了一种约束机制，

在公司治理中发挥了积极的作用,但是大股东的存在又会产生第二类代理问题,即大股东利益与小股东利益不一致,大股东利用其对公司的控制权,制造控制权私有收益,而这些收益并不能为中小股东分享,从而使中小股东利益受损,即出现大股东的"壕沟防御效应",此时,大股东可能通过关联交易等方式向自己输送利益,即"掏空"上市公司。这一点在法制不健全、投资者保护机制尚不完善的国家和地区表现得尤其明显(La Porta et al.,2002;白重恩等,2005)。

大股东"掏空"上市公司的方式可以概括为两类:一是控制性股东为其自身的利益通过自利交易直接转移企业资源。这类自利交易的形式主要有:从上市公司转移资产至其所控制的其他公司、以利于控制性股东的转移价格转移收益、支付过高的高管报酬、贷款担保、剥夺公司获利机会等形式的经营性利益抽取,这类抽取会影响公司当前的现金流。在投资者法律保护条件下,自利交易实现了实际控制人对底层公司的财富转移(Djankov et al.,2008)。二是控制性股东通过发行稀释性股份、挤出小股东、内部交易、蚕食收购等其他金融交易增加其自身权益份额而歧视小股东的金融性利益抽取,这类抽取会影响公司的价值存量。在新兴市场国家,金融性利益抽取比经营性抽取更有可能损害小股东的价值(Gilson and Gordon,2003),除了上述两种途径,公司治理实践中还存在实际控制人与子公司高管合谋攫取子公司利益的方式(郝云宏,2012)。对于第一种大股东"掏空"上市公司的方式,企业集团内部资本市场是其发挥作用的天然屏障。

3.2.2 大股东"掏空"与内部资本市场

企业集团内部资本市场中成员企业不仅与企业集团控制人有着关联往来,还与其他成员企业存在关联关系,企业集团实际控制人也往往通过企业集团内部多个成员企业之间的利益调配来实现利益最大化。金字塔式持股结构具有较强的权益杠杆效应,借助于这种结构,终极控股股东可以实现以少控多,利用较少的现金流权通过"掏空"来侵占中小股东的权益,尤其当一国或地区对中小股东的权益法律保护力度较为薄弱时,这种大股东"掏空"行为尤为盛行。约翰逊等(Johnson et al.,2000)把"掏空"行为分为两类:第一,窃取、低价出售资产,利用下层公司的资产作抵押贷款担保以及窃取下层公司投资机会等方式;第二,在现金流权和控制权分离的状况下,以关联交易为手段进行利益的转移、这种观点认为，金字塔持股结构就是为了侵占中小股东利益而成立的一种控股结构。

在企业集团金字塔组织框架下，母公司控股股东可能在子公司董事会中担任职务，或是拉拢子公司高管成员，由此出现两权形式分离和实际重合的情况，可能通过合谋侵害子公司和中小股东的利益。濑尾等（Seo et al.，2010）针对中国企业集团 1994~2003 年的市场价值的研究发现，企业集团的非相关多元化投资与大股东"掏空"是导致企业集团绩效变差的主要原因。王和肖（Wang and Xiao，2011）采用中国上市公司 1999~2005 年的面板数据实证检验了上市公司高管薪酬—业绩敏感度的影响，结果显示，控股股东挪用公司资源谋取私利的上市公司高管薪酬—业绩敏感度低于其他上市公司，究其原因，大量的掏空性交易降低了公司业绩以及控股股东对管理层实施绩效薪酬计划的要求，而且大大超越了管理层的控制能力，从而导致绩效指标无法客观反映管理层的努力，也无法用于确定管理层薪酬。弗朗西斯科（Francisco，2009）针对智利非金融类上市公司的研究发现，在现金流权较小的情况下，实际控制人更倾向于提升子公司董事与高管的薪酬水平，而不是提升股利水平，这说明实际控制人因现金流权较小而承担较低水平的风险，进而倾向于提升子公司董事与高管薪酬水平，以便赢得他们的支持，而不是与其他股东分享收益，有助于使高管与其实现合谋。

我国上市公司普遍存在大股东控制与企业集团金字塔形组织结构，再加上较弱的投资者保护环境，这些因素成为大股东利用内部资本市场"掏空"上市公司的重要激励与条件。唐宗明和蒋位（2002）以上市公司大宗股权转让数据为样本，较早对我国上市公司大股东利用控制权侵害中小股东的行为进行了实证分析，发现控制权的价格与大股东可能从控制权中获得的私有收益呈正相关关系，平均控制权溢价近 30%，横向的国际比较表明，中国上市公司大股东侵害小股东的程度远高于英、美等国，低于泰国、菲律宾，与印度尼西亚相近。邵军（2007）、李宁波和邵军（2007）及万良勇（2006）等分别基于国光瓷业、华立系和三九系等企业集团进行了案例研究，结论显示，基于金字塔股权结构的内部资本市场为大股东进行关联交易、侵占中小股东利益提供了平台。魏明海（2013）通过对 2003~2008 年家族上市公司的研究表明，上市公司的控股大股东以关联交易为途径进行的内部资本市场交易对上市公司价值了产生负面影响，家族控股大股东持股越多、在董事会或董监高中所占席位的比例越大，家族企业的关联交易行为越严重，公司价值折损也越厉害。

3.3 政府治理与企业扩张

中国的经济改革是由政府主导的，政府治理与公司治理水平将共同决定企业改革的成败，无论政府伸出的是"扶持之手"还是"掠夺之手"，目的都是为了将政府自身的社会性目标内部化到其控制的上市公司中，以从国有控股的上市公司获得更多的控制权收益。所以说，我国集团内部资本市场形成与政府治理也存千丝万缕的联系。

3.3.1 政府的"三只手"理论

关于政府与经济的关系存在三种主要理论，学术界通俗地将其分别称为：无为之手理论、扶持之手理论、掠夺之手理论（Shleifer and Vishny，1998）。"无为之手"理论最早出自亚当·斯密，他将市场比喻为"看不见的手"，主张自由竞争的市场可以带来社会福利的最大化，而政府在多数情况下应当保持沉默，充当无为之手，主要职能是提供一些公共物品（如国防、法律制定与执行等），尽可能减少对社会经济事务的干预。"扶持之手"理论主要是基于市场失灵的背景下提出的，最有影响力的倡导者是凯恩斯。他认为虽然市场在很多时候可以自行配置资源，但是由于外部性、垄断、信息不对称等因素的存在，市场存在失灵的情况，这时政府的干预成为必要，有利于促进社会福利最大化。"掠夺之手"的基本假定是政治家的目标不是社会福利的最大化，而是追求自己的私利（Shleifer and Vishny，1998）。

从历史发展来看，三种理论都分别反映了某一特定历史阶段的政府的角色定位，因此，都是从某个角度描述了政府对经济生活的影响。尽管施莱费尔和维什尼（Shleifer and Vishny，1998）倾向于认为"掠夺之手"理论更具指导意义，但是我们认为，三种观点之间并非非此即彼的关系，而是在特定历史阶段及经济环境下存在共通性。虽然绝大多数人都认可政府官员存在掠夺的动机，但其政治使命也常常构成其行为的重要约束与激励条件，"扶持之手"与"掠夺之手"有时就像一枚硬币的正反面，主观上的"掠夺"还需基于客观上的"扶持"。人们对于现阶段我国政府应当在经济改革中发挥积极作用已没有多大争议，因此，"无为之手"理论在现阶段的实际意义不大。

我国上市公司的股权结构不仅像欧洲、东南亚等国家的上市公司那样存在一个控股股东，而且我国的上市公司多数是被国家控股的，出于政府的政治目标，政府有强烈的动机干预企业的经营活动。潘红波等（2008）将地方政府对当地国有企业并购干预归结为自身的政策性负担或政治晋升目标，地方政府对并购交易的干预主要体现在附属于同一企业集团的上市公司之间，企业集团内部交易背后隐藏着地方政府的"扶持之手"或"掠夺之手"，以实现对上市公司的掏空或支持。当国有企业业绩不佳即将成为地方政府的沉重包袱时，就会促使地方政府倾向于主导其直接控制的国有上市公司并购重组，以降低地方失业率、帮助本地企业"脱贫解困"等（陈信元和黄俊，2007）；而当国有企业盈利时，地方政府通过干预对并购价值的创造形成"掏空之手"（刘星和吴雪姣，2011）。实际上，在现有的制度环境下，我国政府或者大股东"支持"的目的是为了通过对业绩的正向支持使上市公司获得融资资格、避免退市或者做大做强上市公司，但其最终的目的还是为了将来政府能从国有控股的上市公司获得更多的控制权收益（李增泉等，2005）。由此可见，政府的"支持之手"和"掏空之手"的目的是一致的，都是将政府自身的社会性目标内部化到其控制的上市公司中，从国有上市公司掘取更多的控制权收益，而企业集团内部资本市场为这种大股东的"掏空"行为提供了便利的途径和渠道。

3.3.2 政府治理与企业重组上市

中国政府治理的一个重要背景是中央政府与地方政府的分权体制。1994年，分税制改革使地方政府从一个毫无法律人格地位也不被承认享有独立利益的"车间"开始向一个由中央控股的、拥有合法独立地位和利益并可以此与中央及其他地区进行合理利益博弈的"子公司"演变。加上全国市场经济体制的推行和政府对于经济领域改革的主导作用，地方与地方之间的相互竞争也开始浮出水面（李扬等，2005）。这种经济体制的改革深刻影响了地方政府的行为模式，其中，最显著的是地方政府财权与事权的不对等引发了地方政府对地方经济严重的干预行为。

分税制改革后，中央与地方间的税收分享体制发生了有利于中央政府的变化，其中最主要的增值税确定为共享税后，中央政府控制了大部分的税收。相对而言，地方政府的税收收入比例大幅下降。但与此同时，地方政府的开支却有增无减，主要原因在于中国的很多公共服务都是由地方政府负担，把养老金、社会福利和失业保险的责任交给地方政府（黄佩华，2005）。不仅如此，改革带来的就业与社会稳定问题以及国有资产保值增值的压力都成为地方政府的沉重负担。在这种冲突背景下，地方政府必须想尽一切办法扩大收入来源。证券市场设立之后，不少地方政府将资本市场的融资功能视为一条获取金融资源的"捷径"。政府的"掠夺之手"通过集团内部资本市场伸向了上市公司，实质上是伸向了上市公司的中小股东与债权人，这也构成了企业集团内部资本市场形成的重要政治背景，而我国国有上市公司的政治背景为政府的"掠夺之手"提供了一定的条件。

我国证券市场上绝大多数上市公司都是由国有企业剥离、重组而来。1994年以前，基本上都是未经改制的整体上市，这一阶段的上市是一种未经任何剥离的整体上市，因此，大量的不良资产以及非经营性资产都进入了上市公司，以至于上市公司仍然如国有企业一样承担了大量的"企业办社会"的工作，造成效益低下；1994年之后的额度管理制实行的是"总量控制、切块下达"的管理方式，将IPO额度总量划分到各地方和各部委，地方政府和部委在额度内自行确定上市公司家数。因此，许多企业集团将优质资产剥离重组成为上市公司，而剩下的"烂摊子"由母公司和其他附属于母公司的承担起来。属于同一企业集团的上市公司与非上市部分一下有了天壤之别，效益差距极大。从某种角度看，国有企业的剥离上市本身就是一种内部资本市场行为，只不过在这过程中政府（尤其是地方政府）扮演了积极的角色。既然上市公司从一开始就担负了为国有企业融资的使命，那么上市之后，或明或暗地向控股的集团公司转移资金就成为一种再正常不过的行为了。

对于国有控股上市公司而言，其在当地经济和社会发展中具有举足轻重的地位，地方政府有强烈的动机干预国有控股上市公司的经营活动，尤其是对企业的并购、投资活动进行干预。贾钢和李婉丽（2008）的研究表明，2006～2010年，我国国有控股上市公司资产注入共发生4694次，注入资产金额达20243.57亿元。特别是对一些业绩不佳的ST上市公司，大股东向ST上市公司注入资产的动机更加强烈，发生在ST上市公司实施资产注入112次，注入资产金额达361.28亿元（章卫东等，2013）。

3.3.3　政府治理与集团扩张

我们前面就曾指出，我国企业集团的发展及扩张非常大程度上是政府治理的结果。站在整体宏观经济的角度考虑，政府发展企业集团的思路并非空穴来风。从 20 世纪 90 年代开始，经济全球化趋势逐渐加速，国内外商投资也大幅增加。如何应对国际化及外资企业的竞争所带来的挑战成为一个急需解决的问题。发展大规模的企业集团成为一种合理的选择，大型化、外向型、多元化等成为这一时期企业界、政府部门和经济界最流行的语言之一（江小涓，2000）。

中国企业内部资本市场的产生与发展是与中国企业集团的产生与发展联系在一起的。20 世纪 80 年代中期以后，正是由于一批大型企业集团的出现才为内部资本市场的产生创造了必要条件。然而，中国企业集团的形成并非是企业自身根据竞争环境所作出的商业选择，也非在市场竞争中逐步自发形成的，而是带有浓厚的行政色彩。细察我国集团发展史不难发现政府在其中发挥的重要影响。1980 年 7 月，国务院发出了《关于推动经济联合的暂行规定》，提出了在所有制不变、隶属关系不变、财务关系不变的"三不变"的原则下，鼓励企业之间发展横向联合。1986 年，国务院发出了《关于进一步推动横向经济联合若干问题的规定》，指出"通过企业之间的横向经济联合，逐步形成新型的经济联合组织，发展一批企业群体或企业集团"，这是政府首次正式使用了"企业集团"的称谓。1987 年，原国家体改委和原国家经委发布了《关于组建和发展企业集团的几点意见》，首次对企业集团的定义、组建企业集团的原则以及内部管理等问题做了较为明确的规定。1991 年，国务院批转发布了《国家计委等关于选择一批大型企业集团进行试点的请示》，依照该文件的要求，国家选取了 55 家企业集团进行试点，准许其享有计划单列及其他一些优惠政策。

国有企业改制上市必须经历资产重组过程，基本方式包括剥离上市、整体上市和捆绑上市两种主要类型。在股市发展的不同阶段，两种方式的采用各有侧重，但真正意义上的整体上市并不多见。尽管监管部门逐渐意识到剥离上市的危害，但是从企业体制改革角度考虑，资产剥离是国有企业公司化改造最为立竿见影的方式，也因为政府通常是国有企业剥离后的不良资产的最终风险承担者，因而资产剥离到 20 世纪 90 年代后期不断发展，并逐渐成为改制上市中资产重组的普遍惯例（李东平，2005）

国有企业剥离上市直接导致了一类非常独特的集团内部资本市场的形成。在我国股市建立后的相当长的时间里，管理当局认为股票市场的基本功能首先是为国有企业融资，采取"证券市场要为国企服务"的方针（吴敬琏，2004）。在这种政策背景下，国有企业剥离上市后，原有资产被人为分割为两块：一块是经营盈利能力较好的上市部分，一块是剩下的烂摊子，承担着大量冗员及其他社会性负担。企业集团有很强的动机及正当的理由通过内部资本市场运作将从股市募得的资金转移至非上市部分，这成为企业集团母公司与上市公司间的内部资本市场机会主义运作的制度性根源之一。

但是，这却带来了预想不到的问题。多数企业扩张为大型企业集团后，其竞争能力并没有得到大幅度的上升，有些企业还有一些削弱，大而不强成为这些企业集团的通病。主要原因可归结为以下几点：（1）一些政府部门将组织企业集团视为加强对企业控制的手段。虽然名义上已经是企业集团，但其中相当一部分没有进行规范的公司制改造，也没有形成内部有效的治理结构；（2）一些企业或政府将组建集团视为争取优惠政策的手段。政府推动企业集团的建立配合有相应的优惠政策，包括上市、贷款、进出口权等，有些企业、主管部门或地方政府为了争取优惠政策在条件还不成熟的情况下盲目组建企业集团；（3）许多兼并不是企业自身的需求，而是政府出于某种目的（比如减少失业、下岗人员、避免企业倒闭等）进行"拉郎配"的结果（江小涓，2000）。

集团化过程中出现的低效率使得原本就缺乏活力的国有企业陷入新一轮困境中。为了维持这么庞大的集团规模，大量的资金需求仅仅靠银行信贷已经无法解决，附属于企业集团的上市公司理所当然地成为企业集团的"取款机"。尽管人们已经认识到盲目扩张可能存在的危害，但是政府治理所蕴含的内在机制却仍然迫使许多企业集团"执迷不悟"。原因就在于在我国目前国有企业经营者的激励机制中，企业规模的大小直接决定经营者的身份、地位以及薪酬。许多企业集团吹响了进军"世界500强"的号角，跨国兼并成为许多企业集团的重要战略。上市公司的"免费"资金再次成为跨国兼并的主要资金后盾。朱红军等（2005）通过对第一百货吸收合并华联商厦的案例研究发现，此次大股东完全控制下的企业合并并没有实现合并的协同效应，而是将流通股股东的财富转移到了大股东，原因在于这次合并是对上海市政府对中央提出的做大、做强上市公司、国有资产证券化的积极响应，其实质上可视为一次政府行为。

我国企业集团的发展是受到国家政策法规深远影响的，不应该仅仅从市场的角度分析企业集团内部资本市场发展过程中市场以及企业自身的作用，也应该从中国的制度背景出发把政府的作用考虑其中，以便正确理解我国企业集团以及集团内部资本市场的发展历程以及发展过程中的相关特征。新兴市场国家中几乎所有关于企业集团形成动因的理论和实证研究都关注政府在推动企业集团形成过程中的重要作用，在相关文献中企业集团与新兴市场这两个概念也经常同时出现，因此，要正确理解我国企业集团内部资本市场的发展历程应该考虑政府行为以及市场环境对企业集团形成与发展的重要影响。

政府在我国企业集团的发展过程中一直发挥着主导作用，与市场经济国家企业集团的形成发展路径相比，我国企业集团发展过程最大的区别就在于政府的角色不同，中国政府在企业集团的形成过程中扮演了直接推动者的角色，自1970 年中国实施市场化取向改革以来，如何提高国有企业的经营绩效成为政府经济改革的重要目标。我国政府借鉴西方国家经验，开始推动企业集团的组建，不仅中央政府致力于推动企业集团的形成，而且各地方政府也热衷于推动本地区企业集团的形成，从而推进了国有经济的战略性改组和提升了国有企业的国际竞争力，实现了政府自身目标。

3.4　本章小结

根据科斯定律，在市场交易成本为零的时候，从法律上界定的所有者安排并不能最终影响效率，要素的自由流动将自发完成资源的最优配置，但现实市场中交易成本是显然存在的，因此产权配置对效率将产生实质影响。在一定条件下，企业集团能通过有组织的市场协调替代纯粹的企业内部协调，既降低企业内部管理费用，又节省市场交易费用，从而使整个经济组织运作的成本降低，得以保持企业更强的竞争优势。因此，企业集团是现代公司制度为适应新经济环境的变化及技术状况，取得更高资源使用效率，而发展出来的一种创新经济组织形式。

转轨经济时期，融资体制改革带来了国有企业新的融资困境，国有企业必须寻找替代性的资本供给渠道；我国民营企业在直接融资与间接融资过程中都处于相对劣势的地位，通过"买壳上市"成为不少民营企业的现实选择，以期通过集团内部资本市场运作获取稀缺性资本，从而缓解企业融资约束。但是，在缺乏有力的监控条件下，企业集团多层级的组织结构和内部复杂的产权关系加大了代理链条的长度，使得集团内代理冲突比独立企业更为严重。企业集团内部资本市场却可能成为控股股东掏空上市公司的渠道。

在我国，国有企业在国民经济中占据重要地位，一方面，国有企业的纳税和利润是政府收入的重要来源；另一方面，国有企业帮助政府实现稳定就业、经济等宏观政策目标。中国的经济改革是由政府主导的，在每个改革阶段都深深打上了政府干预的烙印，政府治理与公司治理水平将共同决定企业改革的成败，无论政府伸出的是"扶持之手"，还是"掠夺之手"，其目的都是为了将政府自身的社会性目标内部化到其控制的上市公司中，能从国有控股的上市公司获得更多的控制权收益。

第4章

企业集团内部资本市场效率促进与
大股东"掏空"的机理

新古典投资理论的基本假设是外部资本市场是完美无缺的，但现实的情况是，外部资本市场由于信息不对称导致的逆向选择和道德风险使许多企业存在融资约束。企业集团内部资本市场作为一只"看得见的手"是外部资本市场的替代机制或是集团内部资金的配置机制，可以缓解集团成员企业的融资约束进而提高整个企业集团内部的运营效率。但是，企业集团内部资本市场一般采取层层控股的金字塔结构来进行资本配置和内部资金融通，这种金字塔结构使企业集团内部资本市场中成员企业不仅与企业集团控制人有着关联往来，还与其他成员企业存在关联关系，企业集团实际控制人也往往通过企业集团内部多个成员企业之间的利益调配来实现利益最大化。层层控股的金字塔结构不可避免地会产生多重代理问题和控股股东的"掏空"行为，从而侵害中小股东利益并损害集团成员公司价值。由此可见，企业集团内部资本市场资本配置效率的影响因素和运作机理远比作为外部资本市场和独立企业资本配置相关影响因素和运作机理复杂。但时，无论是民营企业集团还是由地方国资或中央国资控制的国有企业集团，其内部资本市场资本配置最终体现为效率促进还是大股东的"掏空"行为往往是企业集团实际控制人通盘考虑的结果，也就是说，企业集团内部资本市场最终表现为效率促进还是大股东"掏空"，是企业集团实际控制人与下属子公司合作博弈的结果。本章意在对企业集团内部资本市场运作载体和运作形式进行分析，剖析企业集团内部资本市场缓解融资约束和实施资本配置等促进效率提升的理机，同时，剖析企业为集团内部资本市场基于金字塔结构的大股东"掏空"机理。本章的研究贡献在于透过企业集团内部资本市场效率促进与"掏空"这两种相反的利益流动来分析企业集团内部资本市场的作用机理和作用机制，以为后文的实证研究指供理论基础。

4.1 企业集团内部资本市场的运作模式

4.1.1 企业集团内部资本市场的运作模式

企业集团内部资本市场是相对于外部资本市场来说的，它是随着企业规模扩大与边界范围增加而出现的介于企业和市场之间中间形态的组织层次。内部资本市场作为一只"看得见的手"，它与外部资本市场具有同样的资本配置功能。集团内部资本市场作为外部资本市场的替代机制和集团内部资金的配置机制，或者说，作为一种融资渠道，与外部融资和内部自创现金流之间形成了一种此消彼长的关系。在一个拥有内部资本市场的多层级企业中，集中融资供给者的角色由企业集团的母公司（或总部）来扮演，它也可以看作是一个特殊的金融中介，既可以像外部资本市场上的金融中介那样实施集中的外源融资，也可以在内部资本市场内组织集中的内源融资，然后统一将资本分配给各部门或成员企业。随着企业组织形式的不断发展，内源资金的概念也得以拓展。在大型企业集团组织内，构建企业集团内部资本市场已成为补充集团成员企业内部现金流不足的有益渠道。

图 4-1 为企业集团内部资本市场的运作模式。从图 4-1 可以看出，处于企业集团顶端的母公司是实际控制人，通过持有上市公司的股份而成为上市公司的实际控制人，上市公司同样通过股权方式控制下属子公司和孙公司。在"金字塔"式股权结构的模式下的典型特征是终极控制者的控制权或表决权与现金流权的不一致。根据 LLSV 的定义，只要金字塔的层级足够多，就可用非常少的初始现金流权控制非常大的资本数额。也就是说，金字塔形企业集团中，从顶层的集团母公司到底层的子公司，跨越的层级越多，集团母公司就可以以较小的现金流控制较大的资本数额。

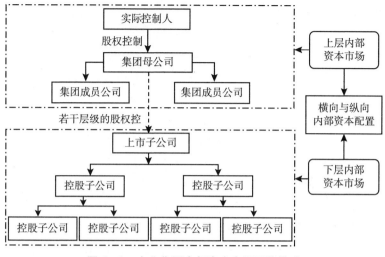

图 4-1　企业集团内部资本市场运作模式

4.1.2　企业集团内部资本市场的层次

从图 4-1 企业集团内部资本市场的运作模型可以看出，以企业集团母公司为界，金字塔形企业集团内部资本市场可以划分为以下三个层面：

第一个层面为上层母公司与实际控制人内部资本市场。这一层面的内部资本市场主要以股权和资产为主导的资本配置，内部交易形式主要是以资产、资金投入和股权交易为主，通过资产、资金或股权交易实现控股股东对上市公司的资金或资产注入，以及发挥上市公司在集团整体中的融资平台作用，这一类公司内部资本配置的功能最为明显，母公司通过建立有效激励机制，来获取投资回报。集团母公司的价值与资源在各层级子公司的有效配置至关重要，在集团母公司掌握资源分配权的条件下，多个子公司对资源的争夺而形成的内部资本配置，且内部资本配置遵循基本的效率原则，并同时受到子公司经理与总部 CEO 建立网络关联所形成的权利的影响（Glaser et al.，2013；Duchin and Sosyura，2013）。

第二个层面为下层子公司之间的内部资本市场。这一层面的内部资本市场以经营业务布局为主导的资本配置，在下层子公司之间的内部资本市场多以解决流动性问题为目的的关联资金交易、关联担保和以解决产业协同为目的的关联商品采购、销售较为常见。

第三个层面为沿着企业集团实际控制人与上市公司控制链形成的上下层级

之间的纵向内部资本市场，这种内部资本交易存在于实际控制人与上市公司之间、控制链上成员公司与上市公司之间、上市母公司与其子公司之间，以及子公司与子公司之间，这种企业集团内部资本市场是典型的金字塔形控股结构。金字塔形控股结构企业集团中包括多个具有独立法人资格的子公司，由母公司通过水平控股或者金字塔形控股结构纳入一个企业集团中。在企业集团金字塔股权结构下，母公司可以有效控制子公司的资本和日常经营，也可以在子公司核心成员任免、重大决策制定等方面施加重要影响。同时，母公司可以结合整体的集团战略需要和子公司的业绩表现，对子公司的投资额做出适当增减，并成立财务公司，使财务公司以独立法人身份来灵活调配子公司间的资金，实现资本在企业集团内部的合理配置。金字塔形企业集团中成员企业之间主要通过内部资本市场增加底层企业的股利分配，支撑上层集团公司的债务偿付或者资本支出，缓解集团融资约束（Gopalan et al.，2013；Masulis et al.，2011）。但是，受实际控制人同一控制的企业集团内部资本市场中，上市子公司往往是整体企业集团的融资平台。股权集中以及最终控股股东与中小股东严重的代理冲突引发了大股东的利益攫取动机，从而使集团内部资本市场的功能异化为大股东"掏空"的工具，从而损害了上市公司的价值（Khanna，2000；Jian and Wong，2004；Jiang et al.，2008；刘星等，2010）。

　　在本书的研究中，我们关注的是金字塔结构上、下层两个层面的内部资本市场，在上层集团内部资本市场中，上市母公司作为资本配置的客体，被动接受实际控制人利益交换主导的资本配置；在下层集团内部资本市场中，上市母公司作为资本配置的主体，主动对母子公司之间的融资决策、股权控制、业务安排与资本配置进行调控，体现了母公司自身的利益导向。

4.2　企业集团内部资本市场效率促进的机理

4.2.1　企业集团内部资本市场的优势

　　相对于独立企业而言，企业集团内部资本市场有降低交易成本、增强有效监督、优化资本配置、放松外部融资约束等优势，下面分别加以解释。

1. 内部资本市场信息优势

　　企业集团内部资本市场的信息传递渠道是畅通的，正如威廉姆森（Williamson，1975）所说，外部资本市场在处理信息的广度方面占优势，单一企业在处理信息的深度方面占有优势，而 M 型企业集团的内部资本市场对信息的广度和深度的处理方面做了优化平衡。企业集团总部（母公司）可以通过内部审计、详细查阅分部经营信息，要求分部提供报表等方式获取分部的信息，而且企业集团总部（母公司）可以获取外部投资者无法获知的分部的商业机密，同时，企业集团总部（母公司）辨别分部提供信息的真伪方面手段和方式多于外部投资者。同时，企业集团分部与分部之间、子公司与子公司之间也有信息传递行为，分部（或子公司）之间出于合作的需要，在进行内部资本市场交易时需要相互传递信息，而且由于同属于一个企业，受同一总部的控制，不存在根本利益冲突，所以分部之间传递的信息也是相对真实、可靠的。

在外部资本市场进行投融资，由于信息不对称问题的存在，使得企业必须承担较高的交易成本，并面临较大的风险。而内部资本市场恰恰在这两方面显示其优势，在内部资本市场中，总部（母公司）与各部门（子公司）同属一个大家庭，获取的信息更真实，并且所花的费用也较少。集团总经理和部门经理可以获得充分廉价的信息，而且总部可以协调各部门集体合作。

2. 内部资本市场监督激励

企业集团内部资本市场运行中，企业集团总部（母公司）是分部（子公司）资产的直接所有者，拥有剩余控制权，所以企业集团总部（母公司）可以凭借对各分部经营信息的全面了解以及对其下属——分部经理的了解，采用更有效的手段激励和约束所属分部，企业集团总部（母公司）进行内部资本分配过程中的"挑选胜者"的择优机制对各分部有很强的激励作用，而且集团总部（母公司）根据各子公司的利润水平、投资回报率等标准对分部（子公司）经理进行各种形式的奖励，这种认同对分部（子公司）经理来说是一种很强的激励。由于分部（子公司）都是在企业集团总部（母公司）的直接控制之下，分部（子公司）经理接受总部经理的直接领导，所以企业集团总部（母公司）可以通过减少对投资回报率低的部门的投资或者对经营不力的分部经理的处罚等手段有效地约束各分部。但是，激励约束机制设计不当，特别是存在"内部人控制"问题时，企业集团中双层代理问题很容易造成部门经理的寻租行为。

企业集团总部（母公司）拥有剩余索取权和控制权，总部（母公司）比银行（外部资本市场上银行是资金的主要提供者）有更大的动机和权力进行优秀项目的挑选，这一优势的结果是集团总部（母公司）在监督方面付出的努力越多，其收益也就越大，所以它会选择更加严格的监督。当然，因为监督也是有成本的，所以这种监督不是无止境监督，而要在监督的边际收益等于边际成本那一点找到最优监督水平。而外部资本市场，投资者是根据事先的契约获得投资收益，不能从监督中获得额外的收益，所以即便他有监督的能力，也不会付出百分之百的努力。

3. 资源配置方面的优势

梅耶和迈基里夫（Myers and Majluf, 1984）认为，由于企业与外部资本市场之间的信息不对称，外部资本市场上出现信用约束，即使是净现值（NPV）为正的投资机会，但如果不能使资金提供者相信投资的是低风险项目，就可能出现融不到资金或融资不足的情况。而通过企业并购、重组等方式构建企业集团内部资本市场，则可以满足正的净现值投资项目的资金需求。首先，企业集团内部资本市场总部的收益来源于项目的剩余，集团总部（母公司）可以将现金留在集团内部进行统一调配，将有限的资源投入到投资收益率高的项目上，以使企业整体收益最大。其次，企业集团内部资本市场有利于更好地重新配置企业资产。当集团总部（母公司）拥有多个相关业务单位时，如果一个分部门（子公司）业绩不佳，由于业绩不佳和运行良好的项目由一位所有者提供融资，其资产将被有效地重新配置（直接与集团总部控制的其他资产合并）。相反，外部出资者则只能把资产出售给其他使用者，并且往往不能获得足值支付；因为外部投资者必须同状况差的项目的经理分享得到剩余。最后，在内部资本市场上，集团总部（母公司）对项目的投资是多期进行的，在项目开展过程中，资金收入并非自动流向其生产部门，而是通过内部竞争由总部加以重新分配，分配的标准是资金的投资收益率，这种方式大大提高了资金的使用效率。

4. 放松融资约束的功能

企业集团的融资方式一般有两种，一种是外部融资，另一种就是内部融资。企业集团可以以母公司为主导地位在外部市场上进行集中融资，斯坦（Stein, 1997）指出，内部资本市场构成的联合整体比单一企业或部门在外部资本市场中获得更高声誉，能更好缓解面临的融资约束，所以，内部资本市场的功能之一就是放松企业面临的融资约束。放松融资约束效应主要表现在两个方面：首先，对于任意固定数目的成员企业，由于能够在集团内部进行有效率的配置，总部能够从外部市场筹集到比单个成员企业简单相加更多的资源。其次，随着成员企业数量的增加，沿着这一维度的效率会得到进一步加强。另外，企业各成员业务类型、生产周期的不同，内部资金的周转效率大幅度提升。金字塔形股权结构使母公司规避或降低经营风险和财务风险方面更具优势。由于母公司只对按其所控股权对子公司承担有限责任，即使子公司倒闭，母公司的负担也可控制在当初的投资和借款的范围内。

中国的资本市场是新兴市场，企业面临的融资约束较大，在外部资本市场不够发达的条件下，企业具有较强的内部资本市场融资动机。多年来，中国上市公司不断涌现的系族上市公司就是内部资本市场发挥作用的外在体现，作为多层级企业集团中的成员企业，同样可以通过资本市场进行股权直接融资，也可以是间接融资方式获得债务资本，同时，成员企业之间也可以通过内部产品交易、资产交易等方式相互融资资金。

4.2.2　企业集团内部资本市场效率促进的机理

1. 缓解融资约束的机理分析

当外部资本市场上信息不对称情况十分严重，或是企业所属行业发展前景不明时，企业就会面临较强有融资约束。此时，企业集团内部资本市场能够通过内部资源的积累和内部资金的重新配置，放松外部融资约束。

本书借鉴因德斯特和穆勒（Inderst and Muller，2003）的借贷融资模型，对比分析子公司面临融资约束的情况下，由子公司融资和由母公司融资论的最优契约。

假设企业集团有两个子公司的项目需要投资，在每期都需要投资 I，该项目每期可以以概率 p 产生现金流 π_1，且 $\pi_1 < I$，以概率 $1-p$ 产生现金流 π_h，且 $\pi_h > I$，并且 $\pi_h > \pi_1$。每期投资为正的期望现金流为：

$$\bar{\pi} = P\pi_1 + (1-p)\pi_h > I \qquad (4-1)$$

对于企业集团这两个子公司投资项目所需资金，可以由子公司分别融资，也可以由集团母公司统一融资，投资作为内部资本市场的一种最基本的形式，这两个子公司为集团母公所有，同时，它们也可以是各自独立，是两个经理人分别经营管理。为了给这两个子公司进行融资，不同的所有权结构决定了二者不同的融资方式。

（1）子公司分散借贷融资。分散融资借贷模型中，每个子公司经理各自通过外部资本市场进行项目融资，而基于契约问题对所有经理都一样，因此事件的结果：

T_0：投资者投资 I，这也是经理的投资额。

T_1：子公司经理宣告第一期现金流是 $\hat{s} \in \{1, k\}$，基于第一期的宣告，经理第一次还付 $R^1(\hat{s})$，投资者二期也投资 I，其概率为 $\beta(\hat{s})$。如果经理收到 I 投资，将又一次投资。

T_2：基于 T_1 期的宣告，经理第二次还付 $R^2(\hat{s})$。

假定企业得不到投资，项目不能够用剩余的现金自我融资进行第二期的投资，那么投资者威胁终止投资将失去作用，因此有假设 1：

假设 1：$\pi_h - \pi_l < I$

$$\max_{\substack{\beta(\hat{s})R^1(s)R^2(s) \\ s.t}} -I + p[R^1(l) + \beta(l)(R^2(l) - I)] + (1-P)[R^1(h) + \beta(h)(R^2(h) - I)]$$

$$r(s) - R^1(s) + \beta(s)[\bar{\pi} - R^2(s)] \geq r(s) - R^1(\hat{s}) + \beta(\hat{s})[\bar{\pi} - R^2(\hat{s})], \hat{s} \in \{l, k\}$$

$$R^1(s) \leq r(s), s \in \{l, k\}$$

$$R^2(s) \leq r(s) - R^1(s) + \pi_1, s \in \{l, k\}, r(l) = \pi_l, r(h) = \pi_h$$

第一个约束条件是经理激励相容约束（告诉真实情况）。其余两个是有限债务约束条件，第一个债务约束条件表明 T_1 的偿还不能超过 T_1 的现金流，第二个条件表明总的偿还不能超过 T_1 和 T_2 总的现金流。

根据博尔顿和沙尔夫斯泰因（Bolton and Scharfstein，1990）最优契约，其解为：$\beta(l) = 0$，$\beta(h) = 1$，$R^1(l) = R^2(h) = \pi_1$，$R^1(h) = \bar{\pi}$，如果子公司经理宣布第一期现金流高，那么将获得第二期的融资；如果宣布其现金流低，那么将不能获得第二期融资。最优契约包含两类无效：一是由于概率 p 的原因，T_2 投资不能进行。虽然无效，但是最大化均衡路径中，投资者能确信 T_2 时，$\pi_1 < I$；二是如果在投资者目标函数中植入最优契约，其均衡时的 I 值，投资者在 T_0 投资的条件当且仅当：

$$I \leq \bar{\pi} - \frac{\bar{\pi} - \pi_1}{2 - p} \tag{4-2}$$

即使项目有严格正的 NPV，但项目的成本小于 $\bar{\pi}$ 而大于 $\dfrac{\bar{\pi} - \pi_1}{2 - p}$ 的项目在 T_0 时不能获得融资，也就是企业是融资约束的。

（2）母公司集中借贷融资。在集中借贷情况下，母公司管理者根据两个子公司的组合现金流进行借贷，因此，可能现金流为：$r(l, l) = 2\pi_1$，概率为

p_2；$r(l, h) = \pi_1 + \pi_h$，概率为 $2p(1-p)$；$r(h, h) = 2\pi_h$，概率为 $(1-p)^2$。不失一般性，假定投资者在 T_1 时以 $\beta(\hat{s})$ 的概率投资 $2I$。

如果企业存在两个高现金流而宣称其是低现金流，需要确认是自我融资的可能性。给定假设的情况下，存在两种可能性：

①$2(\pi_h - \pi_1) < I$，这种情况下，企业不能进行自我融资。

②$I < 2(\pi_h - \pi_1) < 2I$，这种情况下，只有一个项目能从资本市场进行融资。如果高现金流企业能够对两个二期项目进行自我融资，那么假设 1 不成立，投资者的威胁没有作用。

考虑第一种情况，企业不能自我融资所需项目投资，即假设企业不能进行自我融资。即假设 2：$2(\pi_h - \pi_1) < I$

定义可能现金流的集合为：$S = \{(l, l), (l, h), (h, h)\}$，则投资者的最大化目标函数：

$$\max_{\substack{\beta(\hat{s}), R^1(s)R^2(s) \\ s.t}} -2I + p^2[R^1(l, l) + \beta(l, l)(R^2(l, l) - 2I) + 2p(1-P)[R^1(h, l) +$$

$$\beta(h, l)(R^2(h, l) - 2I)] + (1-p)^2[R^1(h, h) + \beta(h, h)(R^2(h, h) - 2I)]$$

$$s. t.$$

$$r(s) - R^1(s) + \beta(s)[2\bar{\pi} - R^2(s)] \geqslant r(s) - R^1(\hat{s}) + \beta(\hat{s})[2\bar{\pi} - R^2(\hat{s})]\hat{s} \in S$$

$$R^1(s) \leqslant r(s), \ s \in S$$

$$R^2(s) \leqslant r(s) - R^1(s) + 2\pi_1, \ s \in S$$

则最优契约为：$\beta(l, l) = 0$，$R^1(l, l) = 2\pi_1$，$\beta(h, h) = 1$，$R^1(h, h) = 2\bar{\pi}$，$R^2(h, h) = 2\pi_1$。

如果两者第一期的现金流都是低的状态，企业不能获得第二期的融资，如果两者现金流都是高，将获得第二期融资。如果处于中间状态，一个现金流高，一个现金流低，最优契约等同于高现金流企业（$p > 1/2$），或者 $\beta(h, l) = 1/[2(1-p)] > 1/2$，$R^1(h, l) = \pi_h + \pi_1$，$R^2(h, l) = 2\pi$，（$p < 1/2$）。

在投资者目标函数中植入最优契约，解其均衡时的 I 值，投资者在 T_0 投资当且仅当：

$$I \leqslant \bar{\pi} - \frac{\bar{\pi} - \pi_1}{2 - p + p^2} \tag{4-3}$$

如果 $p \leqslant 1/2$，则：

$$I \leqslant \bar{\pi} - \frac{\bar{\pi} - \pi_1}{2 - p^2} \tag{4-4}$$

如果 $p > 1/2$，通过上述分析，我们可以得出如下结论：

结论 1：如果假设 1 和假设 2 成立，集团母公司集中借贷融资对于任何 p 的值都是最优的。也就是说，集团母公司进行集中融资然后通过内部资本市场进行内部资本配置优于每个公司各自通过外部资本市场融资。

如果两公司的现金流都很高，有最优支付和再融资的可能性，在集中融资和分散融资情况下，两者是等同的。如果两公司的现金流都很低，最优契约也是一样的。

如果两个公司在 T_1 是高现金流，那么母公司就可以利用 $2(\pi_h - \pi_1)$ 的现金流进行第二期的投资，而没有必要过资本市场进行融资，因此，有代替假设 2 的假设。

假设 3：$I < 2(\pi_h - \pi_1) < 2I$

$$I \leqslant \bar{\pi} - \frac{\bar{\pi} - \pi_1}{1 + p + \frac{(1 - p^2)}{2}} \qquad (4-5)$$

如果 $p < 1/2$，那么：

$$I \leqslant \bar{\pi} - \frac{\bar{\pi} - \pi_1}{1 + 2p(1 - p) + \frac{(1 - p^2)}{2}} \qquad (4-6)$$

我们可以得出如下结论：

结论 2：假设 1 和假设 3 成立，如果 $p > \sqrt{2} - 1$，那么集团母公司代表两个公司进行集中借贷优于各自分别外部资本市场融资。如果 $p < \sqrt{2} - 1$，则每个公司各自通过外部资本市场融资更优。

从上面的模型可以看出，内部资本市场在面临资本短缺的时候能够比外部资本市场表现更好，通过对内部现金流的平衡配置，内部资本市场能够让那些前期现金流较差的公司得到投资，避免因融资约束而导致的投资不足。并且如果两个公司都是高现金流，那么总部管理者能利用自身产生的现金流进行第二期的投资，而不通过外部资本市场进行融资。因此，当企业面对外部融资约束时，企业集团能够通过企业内部资本进行配置，放松外部融资约束。

2. 内部资本配置

斯坦（1997）研究认为，企业集团内部资本市场所具有的信息优势，使得内部资本市场可以通过"挑选优胜者"的方式来提高资源配置的效率。在企业集团内部资本市场中，资金通过内部竞争分配到投资收益率较高的部门，而非流向其产生的部门。由于内部流通与调整的成本较低，企业集团内部资本市场可分阶段进行其投资的决策过程，即可依据前一阶段的投资效果决定追加投资的变化。特别是在外部融资约束的环境中，集团总部（母公司）在各个项目之间进行稀缺资源的配置。因此，每个项目自身所产生的现金流并不一定用在自身的投资上，相反，集团总部（母公司）可以利用这些现金流投资于那些回报率更高的项目。这样就会从总体上，提高投资回报率。

假设项目的投资额可以是 1，也可以是 2。投资的回报率取决于外界的状态。当状态为不好（B）时，1 单位的投资项目能够产生总的现金流 y_1，2 单位投资项目能够产生总的现金流回报为 y_2，这里的现金流 y_1 和 y_2 假设能够无成本地得到确认。这就意味着项目建立者和资金提供者能容易地获得这些现金流。同时，我们假定 $1 < y_1 < y_2 < 2$，意味着在状态（B）时，企业最优投资数额是 1。状态好的时候（G），投资更具有生产效率，产出提高 $\theta(\theta > 1)$，也就是，当投资为 1 时，现金流为 θy_1；投资为 2 时，现金流为 θy_2。同时，假定 $\theta(y_2 - y_1) > 1$，意味着状态为 G 时的最优投资水平为 2。

出现状态 G 的概率为 p，则 B 状态的概率是 $1 - p$。项目经理人能够直接观察到每种状态及其出现概率（同时，集团总部 CEO 也能够观察到他所管理的项目的状态），而项目的成立者和投资者却观察不到。显然，如果外部的投资者希望依据状态的情况来进行投资的话，那么他们就必须依赖于经理人对状态的汇报。但是，经理人倾向于过度乐观的报告状态，因为他控制的资源越多，就越能够从中获得更多的私利。为了体现经理人的这种倾向，假定经理人能够获得的私利的大小为项目所产生的现金流的一定常数比例 s。那么无论状态是好或者是坏，较多的投资总能为经理人带来更多的私利。这种私利假设是不可验证的。在向外部融资的时候，为了获得更多的投资，经理人总是过度夸大投资前景。因此，外部的投资者将不会给予经理人多于 1 的投资。当状态为 B 的时候，这能够防止过度投资。

当项目处于企业集团内部资本市场中的时候，项目将不再单独从外部资本市场融资。而是通过企业的总部统一从外部融资。在筹集到资金之后，再由企业集团总部（母公司）在内部进行资本配置。尽管在融资的时候，企业内的每个项都将作为融资的一项筹码，为整个企业的融资做出贡献。但是，这并不意味着每一个项目都能够按照它在融资过程中所起的作用的大小而获得相应份额的资本配置。企业总部具有的强大控制权，它能够在企业内部调配资本。那么投资前景很差的项目可能比它们单独经营所能得到的资源还要少。假设每个项目的 NVP 都为正，所以，即使投资前景较差的项目单独经营时它们都能够从外部资本市场得到融资。而在企业的内部资本市场中，它们则可能不能获得投资。

对于企业集团总部（母公司）CEO，我们假定：第一，企业集团总部（母公司）CEO 拥有获得项目的前景的信息的控制技能；第二，企业集团总部（母公司）CEO 自身没有财务资源；第三，项目建立者赋予其的控制权，使得其能够从其监管的项目中获取一定比例 $\phi(\phi < 1)$ 的私人收益，然而，这种私人收益以稀释项目经理的激励为代价。

因此，项目经理人的激励就会受到影响，他们的工作积极性将会下降，最终的影响反映在项目的产出上。我们假设经理人的积极性下降后的产出为之前产出的 $k < 1$ 倍。

企业集团总部（母公司）CEO 从其个人的角度出发，为了获取更多的个人好处，就必须要有更多的现金流产生。出于这种自利目的，他将会运用其手中强大的控制权进行资源配置，以期企业作为一个整体产生更多的现金流。此时，企业集团总部（母公司）CEO 的利益和外部投资者的利益是一致的，并且这种效率的提升可以弥补因为 CEO 的代理问题带来的产出的减少。

假设有两个如上所述的项目，项目 i 和项目 j。两个项目的现金流不相关。当两个项目独立运营时，每个项目都将能够且只能够获取 1 个单位的融资，能够获取融资是因为项目的 NPV 都为正，只能够获取 1 个单位的融资是因为经理人的代理问题和信息不对称，导致投资者只会投资 1 个单位。在这种情形下，两个项目总的期望净产出为：

$$EM = 2((p\theta + (1-p))y_1 - 1) \qquad (4-7)$$

当这两个项目处于同一个企业集团时，内部资本市场也只能够获得与两个项目独立运营时所能够筹集的资金一样多，也就是两个单位的投资。但是，对于这两个单位的投资，集团总部（母公司）CEO 可以自由支配。当项目 i 处于 G 状态，而 j 处于状态 B 的时候，假如项目第 2 单位的边际投资大于 y_1，即 $\theta(y_2 - y_1) > y_1$，那么最优的选择就给 i 项目 2 个单位的投资，而不给项目 j 进行投资。内部资本市场总的期望净产出为：

$$IM = 2(1-p)^2 ky_1 + 2p(1-p)k\theta y_2 - 2 \qquad (4-8)$$

外部资本市场和内部资本市场有两方面的不同，一是管理者的委托代理问题，存在稀释因素 k，使得 $EM > IM$ 的趋势。二是当项目状态处于不同状态时，即概率为 $2p(1-p)$，集团总部（母公司）CEO 可以配置全部 2 单位的投资给项目 i，从而可以提高产出。如果第二项的效应足够强，那么总体上 IM 比

EM 更大。比如，当 k 值接近 1 时：

$$IM - EM = p(1-p)\theta\left[(y_2 - y_1) - y_1\right] \tag{4-9}$$

根据上面的推导，我们可以得出如下结论：

结论 3：由于 $\theta(y_2 - y_1) > y_1$，所以 $IM - EM > 0$。即使 k 并非接近 1，只要 $2p(1-p)\theta y_2$ 足够大，内部资本市场就比外面资本市场资本配置更为有效，这种有效源于集团总部（母公司）CEO 具有的项目信息优势，能够根据项目所处的状态进行合理的项目资源配置。

4.3　企业集团内部资本市场大股东"掏空"机理

4.3.1　企业集团金字塔形股权结构和多重代理关系

1. 企业集团金字塔形股权结构和多重代理关系

由于企业集团是由多个法人实体构成的经济联合体，企业集团内部基于股权控制关系形成了金字塔形股权结构和多重代理关系。首先，企业集团中的每一个成员企业都是一个独立的法人主体，其个体契约中必然面临着第一类委托代理关系——所有者与经营者之间的委托代理关系。同时，在我国企业股权高度集中的股权结构现状下，第二类委托代理关系——中小股东与其代理人之间的委托代理关系也更加突出。进一步，这两类委托代理关系更加明确地表现为控股股东与管理层之间的委托代理关系、中小股东与控股股东之间的委托代理关系。其次，企业集团中包括母公司、各子公司以及孙公司等在内的各成员企业的个体契约沿着控制链条自上而下穿插、交织在一起，就构成了企业集团中的金字塔股权结构和多重委托代理关系。在一个企业集团中，包括母公司、各子公司、孙公司、甚至孙孙公司在内的每一个成员企业，都面临着以上的两类委托代理关系。其中，母公司的大股东在母公司的个体契约中、母公司作为控股股东在每一个子公司的个体契约中、子公司作为控股股东在其孙公司的个体契约中，都扮演着双重角色，既在第一类委托代理关系中扮演着委托人的角色，又在第二类委托代理关系中扮演着受托人的角色，如图 4-2 所示。

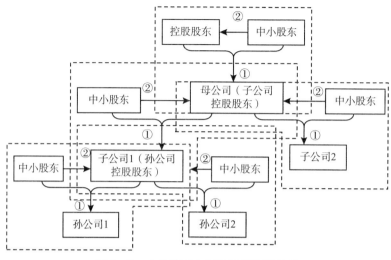

图 4 - 2　企业集团中多重委托代理关系

注：①表示第一类委托代理关系，即单一企业契约中所有者与经营者之间的代理关系；②表示第二类委托代理关系，即单一企业契约中中小股东与控股股东之间的代理关系。虚线框表示每一个成员企业所在的个体企业契约。

　　由图 4 - 2 可以看出，企业集团中成员企业的个体企业契约之间是通过扮演双重角色的母公司、子公司等联系在一起的，这就形成了纵向的多重委托代理关系。而母公司与集团内各个子公司都分别形成了多层次委托代理关系，这些多层次委托代理关系之间除了通过母公司联系在一起之外，相互之间可能也会存在着关联。于是，沿着企业集团内的控股关系，集团成员企业的个体契约通过连接点自上而下就成了一种发散型的控制链条分布。控制链条越长，委托代理关系的层面就越多，如图 4 - 3 所示。

　　在图 4 - 3 中，企业集团内部的多个控制链条都是以母公司为起点向下辐射的，在每一个企业契约中扮演双重角色的控股股东是控制链条中上下连接的节点。每个控制链条在节点上都是呈发散状，这与企业集团特有的金字塔状的组织结构是一致的，同时，也反映了集团中多重委托代理关系的分布是环环相扣的。而不同控制链条上的企业可能存在的持股关系，使得企业集团不仅仅表现为一种层级关系结构，还带有部分网络结构的特征。存在控股关系的两个企业之间是控制与被控制的关系，我们将之称为企业集团中的正式关系。

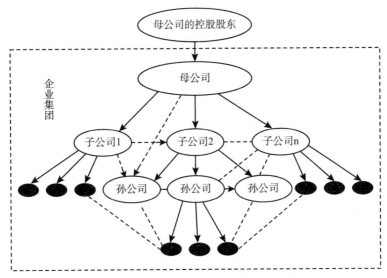

图 4 - 3　企业集团控制链条分布及关系分布

注：节点处的圆圈表示企业在控制链条上的地位，黑色箭头表示纵向的控制关系，虚线箭头表示可能存在的交叉持股关系，虚线表示不存在控制关系的节点企业之间的关系。为了图示的清晰表达，图中只是象征性地标注了代表性的几种交叉持股关系，实际的情况远比这要复杂得多。

2. 企业集团终极控制权和大股东"掏空"行为

在一个企业集团内部，不同成员企业之间的地位并不相同。其中，控股母公司处于核心地位，它往往通过金字塔或者交叉持股的方式，控制了众多的子公司，对这些子公司的资本配置具有一定的控制支配权。它在决策时往往着眼于全局，在整个集团内部追求自己的利益最大化。而在子公司层面，母公司持有较多的股权，而同时还存在着其他的中小股东，子公司在进行相关的财务决策时，除了服从本公司的经营需求和利益要求以外，还要受到大股东（集团母公司）的影响，甚至有时候这还是极其重要的影响因素，这种财务决策的经济后果会直接影响该子公司自身的价值。因此，站在子公司的立场来看，与独立的公司相比，它的公司价值以及股东的利益还多了一个重要的影响渠道——内部资本市场。也就是说，在集团经济中的内部资本市场中，相关的集团财务政策和资本的相互融通不仅涉及资源的分配和效率问题，有时也会涉及成员企业之间的利益冲突问题。

一方面，在企业集团内部资本市场，终极控制人位于金字塔结构的顶端，既能通过控制链对底层的上市公司进行有效控制，也能通过构建一系列错综复杂的控制链条来获得相应的现金流收益，因而企业集团各公司的要素若能获得高效转化，并取得更大产出，对终极控制人现金流收益的增长也是非常有利的。基于自身长期收益的考虑，终极控制人会通过金字塔股权结构所形成的内部资本市场对底层上市公司提供必要支持，同时，通过终极控制权构建完善的公司治理架构，这样在客观上也提升了底层上市公司的经营效率。可见，终极控制人的"支持"行为有更广的外延，除了当上市公司陷入困境时，终极控制人会利用金字塔结构对公司施以援手外，为了获得更多共享收益，终极控制人也有动机通过金字塔结构对公司提供支持，这样同样可以实现其利益最大化的目标，并且在客观上改善了公司的生产要素转化能力，促进了公司产出的增加，提高了公司治理效率，对公司绩效提升非常有益，这也是金字塔股权结构为大股东"支持"行为提供便利的具体表现。

另一方面，金字塔股权结构多存在于资本市场较不发达、企业融资渠道受限的国家和地区，很多企业难以从外部自由获取借贷资本，于是转而利用金字塔股权结构在资源配置上的优势，建立内部资本市场，以此替代不发达的外部资本市场。然而，也有学者指出了金字塔股权结构下内部资本市场的弊端。瑟韦斯（Servaes，2000）认为，如果公司处于投资者保护环境恶劣的国家，大股东更容易抓住外部资本市场信息不畅、法律监管不严等漏洞，将金字塔股权结构作为侵害中小股东、进行利益输送的重要渠道，以满足自身对控制权私益的索取。当大股东利用金字塔股权结构实施利益侵占时，企业集团内部资本市场的功能发生异化，反而成为大股东转移公司资源的有利途径，也降低了公司治理效率。别布丘克（Bebchuk，1999）认为，控制权私益的大小对公司所有权结构的安排具有重要影响，大多数国家的上市公司之所以形成"一股独大"的股权结构，这种股权结构有利于终极控制人侵占中小股东利益，在中小投资者保护薄弱的国家和地区，终极控制人利用"隧道行为"获取控制权私益的动机表现得更为明显。另外，公司的大股东或终极控制人可以在只拥有小部分现金流权（所有权）的情况下，依靠掌握公司控制权来获得较大规模的控制权私益，而金字塔股权结构是实现现金流权和控制权分离的一种可行的结构安排；在金字塔结构下，终极控制人能够获得大于其现金流权的超额控制权，而其付出的代价只是低于其控制权一小部分现金流量的成本，但最终获得的是超额控制权所带来的资源转移和损害其他中小投资者利益的便利，以及由此产生的超额控制权私益（Bebchuk，1999；Morck and Yeung，2003；Almeida and Wolfenzon，2006）。当市场越不完善、契约制度越不健全时，终极控制人利用金字塔结构来获取控制权私益的机会越多（Attig et al.，2004）。

在企业集团内部资本市场，由于上层母公司和下层子公司存在多层委托代理关系，公司母子公司之间的信息不对称可能导致子公司因自利行为而违背母子公司集团整体的利益。当企业集团的金字塔层级越长时，顶层控股大股东对底层企业的控制力减弱，由企业内部人控制而引发的代理问题会越发严重（钟海燕等，2010），这意味着在金字塔形控股企业集团中，控制链下层企业之间的代理成本不容忽视。子公司与母公司的代理问题可能集中表现在子公司对集团资金较为严重的非经营性占用，约束了母公司整体的资金配置（陆正飞、张会丽，2010；张会丽、陆正飞，2012）。从金字塔控制链上不同层级之间的信息不对称视角分析，一方面，对上市公司的控股股东而言，控股股东——上市公司管理层——子公司管理层的管理模式所导致的双层代理成本，即代理链的进一步拉长，加大了他们对上市公司子公司现金使用效率的监控难度。底层企业管理层拥有的信息优势也会促使上层集团的权利下放（Aghion and Tirole，1997；Prat，2005），而权力下放的结果将提升底层企业的讨价还价能力。另一方面，信息不对称会增加不同层级企业之间开展关联交易的信息获取成本，当关联交易的目的是为了攫取控制权私利时，这些信息获取成本的增加也将提升控制权私利的攫取成本。

4.3.2　企业集团内部资本市场大股东"掏空"机理

1. 模型基本假设

假设某企业集团的内部资本市场由母公司和子公司 A 和子公司 B 组成。子公司 A 为上市公司，子公司 B 是未上市公司。母公司 W 既是子公司 A 的大股东，同时也是子公司 B 的控股股东。

假设母公司分别占有子公司 A 和子公司 B 的股份比例为 β_1 和 β_2；子公司 A 和子公司 B 的总资产分别为 A_1 和 A_2；总利润分别为 π_1 和 π_2；总资产利润率分别为 R_1 和 R_2；员工人数分别为 N_1 和 N_2；现有的净现金流分别为 V_1 和 V_2；监管机制和法律完善程度为 S。

子公司 A 希望筹集总额为 I 的资金；提供资金 I 的投资者在子公司 A 中所占的股权比例为 α；如果将 I 用于扩大再生产，能实现资产利润率 R_1。母公司从子公司 A 侵占的资金用 V 表示。假设一旦母公司从子公司 A 侵占资金，被监管部门发现后，发生的单位惩罚成本为 $C(N_1, S)$，支付的总惩罚成本为

$C(N_1, S) \times V$。$C(N_1, S)$ 为 N_1 减函数，因为上市公司员工、股东人数越多，出于稳定及就业等方面的考虑，政府的惩罚措施将更谨慎，$C(N_1, S)$ 为 S 的增函数，因为监管机制和法律制度越完善，"掏空"被发现并被处罚的可能性越高。

假设子公司 A 的总资产利润率 R_1 分别有 R_1（高）和 L（低）两种可能，出现 R_1 的概率为 P；潜在投资者将资金投资于其他用途的最高收益率为 κ，为使新项目有吸引力，假定 $L \geq \kappa$。

母公司的决策目标是使得自身的总收益最大，而非其控股的上市公司的收益最大化。基于这种考虑，假设集团的目标函数为：

$$U = (1-\alpha)\beta_1(A_1 + I - V)R_1 + \beta_1(A_2 + V)R_2 - C(N_1, S)V \quad (4-10)$$

设 $q = P(\pi_1 = H/\alpha)$，q 为投资者所了解的企业出让的股权比例，认为企业 A 的利润率为 H 的概率，这是一个后验概率，记作 $E = q[H + (1-q)]L$。

现在投资者和企业集团的决策构成一个不完全信息动态博弈，即集团母公司决定如何融资（决定 α 的大小），投资者决定是否接受。

投资者选择"接受"的期望收益 $= q[\alpha(A_1 + I)H] + (1-q)[\alpha(A_1 + I)H] = \alpha(LA_1 + I)E$；选择"拒绝"的期望收益 $= \kappa I$。

要使"接受"成为投资者的最优选择，必须有：

$$\alpha(A_1 + I)E \geq \kappa I \quad (4-11)$$

即：$\alpha \geq \kappa I/(A_1 + I)E$

在投资者选择"接受"的条件下，集团母公司作为后续行动者，其行动依赖于自身的企业性质。

2. 合并均衡条件分析

（1）合并均衡条件。母公司的决策就是选择合适的 α 和 V，使得：

集团在子公司 A 增发股份后获得的收益不小于子公司 A 不增发股份时集团所获得的收益，即：

$$(1-\alpha)\beta_1(A_1 + I - V)R_1 + \beta_2(A_2 + V)R_2 - C(N_1, S)V \geq$$
$$\beta_1(A_1 - V)R_1 + \beta_2(A_2 + V)R_2 - C(N_1, S)V \quad (4-12)$$

这一约束条件等价于 $I \geq \alpha(A_1 + I - V)$

母公司在子公司 A 增发股份后获得的收益尽可能大，即：

$$\max_{\alpha, V} = (1-\alpha)\beta_1(A_1 + I - V)R_1 + \beta_2(A_2 + V)R_2 - C(N_1, S)V \quad (4-13)$$

也就是说，母公要面对一个带约束条件的优化问题，选择合适的 α 和 V，使得：

$$\max_{\alpha, \nu} = (1 - \alpha)\beta_1 (A_1 + I - V)R_1 + \beta_2 (A_2 + V)R_2 - C(N_1, S)V \qquad (4-14)$$

$$s.t. \quad I \geq \alpha(A_1 + I - V)$$

由此可得：

$$dU/dV = \beta_2 R_2 - (1 - \alpha)\beta_1 R_1 - C(N_1, S) \qquad (4-15)$$

因此，当 $\beta_2 R_2 - (1 - \alpha)\beta_1 R_1 - C(N_1, S) > 0$ 时，母公司倾向"掏空"更多的上市公司资金。需要指出的是，在这种情况下，股权出让比例 α 越大，母公司"掏空"上市公司资金的动机越强烈。而当 $\beta_2 R_2 - (1 - \alpha)\beta_1 R_1 - C(N_1, S) < 0$，母公司倾向减少"掏空"上市公司资金的数额。

不等式 $I \geq \alpha(A_1 + I - V)$ 等价于：

当 $A_1 + I - V > 0$ 时，$\alpha \leq I/(A_1 + I - V)$

当式 $A_1 + I - V \leq 0$ 时，α 可取任何大于 0 的值。

综上所述，合并均衡对 α 的要求为：

当 $A_1 + I - V > 0$ 时，$\kappa I/(A_1 + I)E \leq \alpha \leq I/(A_1 + I - V)$

当 $A_1 + I - V \leq 0$ 时，$\kappa I/(A_1 + I)E \leq \alpha \leq 1$

（2）基本分析。根据上面的分析，当 $\beta_2 R_2 - (1 - \alpha)\beta_1 R_1 - C(N_1, S) > 0$ 时，集团倾向"掏空"越来越多的上市公司资金。当单位惩罚成本 $C(N_1, S)$ 很小，甚至可以忽略不计时，"掏空"条件变为：

$$R_2/R_1 > (1 - \alpha)\beta_1/\beta_2 \qquad (4-16)$$

当 $(1 - \alpha)\beta_1 > 50\%$，$\beta_2 = 100\%$ 时，此时集团母公司处于绝对控股地位，则"掏空"的条件为：

$R_2/R_1 > 0.5$，这个条件较容易满足。

当 $(1 - \alpha)\beta_1 > 30\%$，$\beta_2 = 100\%$ 时，此时集团母公司处于相对控股地位，"掏空"的条件为：$R_2/R_1 > 0.3$，这个条件更容易满足。

实际中，控股母公司在非上市子公司中所占的股权比例远大于它在上市子公司的股权比例，即控制权与现金流权的偏离程度相当高。由此可见，并非子公司 B 的收益率大于上市子公司 A 的收益率时，控股股东才有"掏空"的动机。

通过上面的分析我们可以得到如下结论：

结论1：大股东的最优"掏空"数额为"掏空"的边际成本等于边际收益。只要"掏空"的边际成本小于边际收益，就会发生大股东"掏空"。直观地，就是大股东侵占时的期望收益大于不侵占时的收益。

结论 2：控股母公司持有的上市公司股权比例越低，越有动机"掏空"上市公司资金，即母公司在控制权与现金流权偏离程度越大的情况下，"掏空"的动机越强烈。

结论 3：非上市子公司业绩越好，母公司越有"掏空"上市子公司资金的动机；上市子公司业绩越差，母公司也有"掏空"更多的上市公司资金的激励，从而使上市子公司更快地陷入财务困境。

结论 4：加大惩罚力度，提高单位惩罚成本，对集团内部控股母公司"掏空"上市子公司资金行为有抑制作用；当法律制度健全、单位惩罚成本很高时，能有效阻止母公司的"掏空"行为。

结论 5：上市子公司员工及股东越多，集团母公司"掏空"上市子公司资金的可能性越大，"掏空"的资金数额也可能越多。

4.4 本章小结

企业集团内部资本市场既有其积极的一面，也有其消极的一面。企业集团内部资本市场资本配置最终体现为效率促进还是大股东"掏空"行为往往是企业集团实际控制人下属子公司合作博弈的结果。

企业集团内部资本市场是随着企业规模扩大与边界范围增加而出现的介于企业和市场之间中间形态的组织层次。一方面，多层级企业集团内部资本市场中，集团母公司（或总部）既可以像外部资本市场上的金融中介那样实施集中外源融资，也可以在内部资本市场内组织集中内源融资，并在成员企业中通过"挑选优胜者"将有限的资金配置到具有较高回报率的投资项目中，实现"活钱效应"，以提高内部资源配置效率，同时，企业集团内部资本市场的信息传递渠道相对畅通，集团母公司能够发挥内部信息及监督优势，实现对不完善外部资本市场监督功能和激励功能的替代，企业集团内部资本市场母子公司之间、子公司与子公司之间通过关联交易、关联担保和关联采购和销售可以实现资金融通，缓解下层子公司的融资约束。另一方面，企业集团金字塔形股权结构和多重委托代理关系使处于塔尖的控股母公司拥有对下属子公司财务行为的控制支配权。它既能通过控制链对底层的上市公司进行有效控制，也能通过构建一系列错综复杂的控制链条来获得相应的现金流收益，这为企业集团控股母公司满足自身对控制权私益利用内部资本市场侵害中小股东、进行利益输送提供了重要渠道和便捷手段。当大股东利用金字塔股权结构实施"掏空"行为时，企业集团内部资本市场的功能发生异化，反而成为大股东转移公司资源的有利途径，也降低了公司治理效率。

　　大股东"掏空"上市公司的条件如下：一是大股东"掏空"的边际成本小于边际收益，就会发生大股东"掏空"；二是控股母公司持有的上市公司股权比例越低，越有动机"掏空"上市公司资金，即母公司在控制权与现金流权偏离程度越大的情况下，"掏空"的动机越强烈；三是非上市子公司业绩越好，母公司越有"掏空"上市子公司资金的动机；上市子公司业绩越差，母公司也有"掏空"更多的上市公司资金的激励，从而使上市子公司更快地陷入财务困境；四是加大惩罚力度、提高单位惩罚成本，对集团内部控股母公司"掏空"上市子公司资金行为有抑制作用；五是上市子公司员工及股东越多，集团内母公司"掏空"上市子公司资金的可能性越大，"掏空"的资金数额也可能越多。

第 5 章

企业集团内部资本市场效率促进与
大股东"掏空"的实证研究

对于企业集团内部资本市场配置效率的研究，学者们得出了多样化的研究结果。一些研究认为，附属于企业集团的成员企业可以通过内部关联交易、资金拆借、委托贷款等方式绕开外部资金融通的限制，从而缓解成员企业的融资约束（Kim，2004；Almeida and Kim，2013；He et al.，2013）；但也有一些经验证据显示，企业集团内部资本市场为大股东"掏空"上市公司提供了一个运作平台，大股东可以方便地通过关联交易、资金占用等手段进行利益转移（Jiang et al.，2008；刘星等，2010；魏明海，2013）；另外，子公司的寻租行为与权力斗争使得内部资本市场异化为寻租市场，低效率的"交叉补贴"与"平均主义"会导致投资不足或投资过度（Scharfstein and Stein，2000；He etal.，2013）。

我国渐进式的经济改革路径决定了我国很多上市公司都处于大股东控制下的集团内部资本市场环境中，企业集团内部资本市场一方面为企业实现内部融资、缓解融资约束提供了运作平台；另一方面也为大股东"掏空"上市公司以实现自身利益最大化创造了条件。那么，对于中国的上市公司而言，企业集团内部资本市场是否同时存在效率促进和大股东"掏空"两种效应？如果企业集团内部资本市场同时兼备效率促进的正面效应和大股东"掏空"负面效应，那么哪种效应占据主导地位？对于国有控股企业集团和非国有企业集团而言，企业集团内部资本市场占据主导作用的正面效应是否会因企业属性的不同而有所不同？

由于企业集团内部资本市场资本配置的效率最终是通过上市公司的具体财务行为作为中间传导机制发挥作用的，考虑到资本投资是企业集团最为基本和最为重要的资本配置活动，所以我们选择资本投资（包括投资规模和投资效率两个方面）作为内部资本市场资本配置功效的研究视角。为了深入探讨企业集团内部资本市场是否同时存在"效率促进"和大股东"掏空"两种效应，即反应在投资水平和投资效率方面，附属于企业集团的上市公司是因为内部资本市场的融资功能而扩大了其投资规模，还是因为大股东利用内部资本市场这一"掏空"平台而缩小了其投资规模，是因内部资本市场缓解融资约束的功能而提高了集团上市公司的投资效率，还是因大股东的"掏空"行为加大了上市公司的非效率投资水平？我们以 2007～2014 年上市公司为研究对象，将样本公司分为附属于企业集团的上市公司和非附属于企业集团的独立公司，以投资规模和投资效率两个维度作为资本配置效率的度量指标，实证检验企业集团内部资本市场是否同时存在效率促进与大股东"掏空"双重效应以及不同属性企业集团内部资本市场对成员企业产生的主导效应是否会因产权性质的差异而有所不同。

本章的学术贡献体现在以下两个方面：第一，区别于以往文献只研究中国新兴资本市场中企业集团内部资本市场更多表现为大股东对上市子公司"掏空"的单向决定作用，抑或是单纯地只研究企业集团内部资本市场发挥效率促进的单边作用，本章将企业集团内部资本市场效率促进的正面效应和大股东"掏空"的负面效应全部纳入分析系统中，系统地分析企业集团内部资本市场是否同时存在效率促进和大股东"掏空"两种效应，从而突破了企业集团内部资本市场只是大股东"掏空"工具的研究假设和企业集团内部资本市场只能发挥效率促进作用的单边设定；第二，本章的研究结论揭示了企业集团内部资本市场并非只表现为简单的单边效应，而是同时存在效率促进与大股东"掏空"的双重作用，且在不同条件下和不同性质的企业集团中，效率促进抑或大股东"掏空"哪种效应占据主导地位表现有所不同。本书的研究从强调"实际控制人单边利益决定控制权私利攫取的研究"转向了"企业集团内部资本市场效率促进与'掏空'同时存在"的研究，扩展了企业集团内部资本市场配置效率的研究范畴。

5.1　理论分析与研究假设

5.1.1　企业集团内部资本市场与成员企业投资规模

在一个拥有内部资本市场的多层级企业中，集中融资供给者的角色由企业集团的母公司（或总部）来扮演，它也可以看作一个特殊的金融中介，既可以像外部资本市场上的金融中介那样实施集中的外源融资，也可以在内部资本市场内组织集中的内源融资，然后统一将资本分配给各部门或成员企业。与独立企业相比，集团内部资本市场可以通过多种方式缓解成员企业的融资约束，扩大企业的投资规模。成员企业不仅可以通过集团内关联交易、资金拆借、委托贷款等方式绕开外部资金融通的限制，还能将内部资本市场上不完全相关的现金流进行整合，通过协同效应增强集团总体的借债能力（黎来芳等，2009；银莉等，2010）。因此，集团内部资本市场运作的活跃程度越高，缓解融资约束的功能就越强，就越能为成员企业提供充足的资金来源，从而使其投资规模得到显著增长。另外，内部资本市场运作所带来的融资优势激发了管理层建立"企业帝国"的热情，促使企业投资规模的急剧膨胀（Stein，2003）。为了获得更为便捷的融资平台，集团子公司管理层的对母公司的寻租行为则通过集团母公司的"交叉补贴"和"平均主义"将内部资本市场异化为部门经理的寻租市场（Kolasinski，2009；He et al.，2013），这种资本配置的方式也导致子公司投资规模进一步扩大。更为普遍的情况是，集团母公司利用内部资本市场运作成为控股股东利用非公允关联交易等手段"掏空"上市公司、侵占中小股东利益的重要途径（Johnson et al.，2000；刘星等，2010；魏明海，2013）。因此，集团内部资本市场运作的活跃程度越高，就越有可能沦为大股东"掏空"上市公司实现其控制权私利的渠道。综上所述，企业集团内部资本市场运作通过融资约束与代理冲突这两条路径影响集团成员的投资规模，融资约束的放松和代理冲突的加剧均使得投资规模随着内部资本市场运作活跃程度的提升而扩张，并由此表现为与独立企业相比较高的资本投资量。因此，我们提出假设1：

假设1：与独立企业相比，附属于企业集团的成员企业投资规模较高，且集团内部资本市场运作越活跃，成员企业资本投资规模越大。

从产权属性来看，我国企业集团按最终控制人属性可以划分为国有企业集团和与民营企业集团。就国有企业集团而言，一方面，由于附属于国有企业集团的上市公司在改制上市的过程中，普遍采用的是非完整改造的"分拆上市"模式（邓建平等，2007），从而强化了大股东通过集团内部资本市场"掏空"上市公司的动机和能力；另一方面，财政分权改革与政治激励机制引发了地方政府对GDP增长的高度追求（唐雪松等，2008），为了实现短期地方GDP的迅速增长，地方政府熟谙于引导企业扩大投资规模，而上市公司高管也有意愿迎合政府官员的需要；另外，作为当地"经济名片"的上市公司，其业绩表现也经常成为考察地方官员政绩的一部分。当上市公司出现资金周转不畅、经营业绩下滑等困难时，国有大股东也会适时地通过资金支持等方式伸出"援助之手"帮助上市公司缓解资金压力，扩大投资规模。对于非国有企业而言，一方面，由于融资渠道的限制，普遍面临较大的资金缺口和严重的融资约束问题（张宁，2008），上市公司更容易沦为企业集团内部的融资平台。另一方面，当上市公司因大股东"掏空"或经营不善陷入困局时，为维持上市公司的融资功能，与国有企业集团的做法类似，民营企业集团同样存在利用自身的资源支持上市公司的举动。但是，表面上大同小异的支持行为却可能蕴含着异质的动机。吴淑琨（2002）的研究表明，控股股东如果是国有性质，那么其对上市公司提供真实支持的可能性较大，而非国有控股股东更可能的是提供虚假支持，仅是为了未来能从中小股东手中攫取更多的利益。由于民营大股东提供的资金支持通常肩负着"先输血再抽血"的使命，自然很难实质性地缓解附属于民营上市公司的资金需求，因而难以有效推动上市公司的资本投资。可以推断，对于民营企业集团来说，大股东的"掏空"是确定的侵害行为，会对上市公司的资本投资形成挤占效应，降低上市公司的资本投资规模；而大股东的支持行为却可能更多表现为虚假支持，并不能有效推动上市公司的资本投资。基于以上分析，我们提出如下假设：

假设 2：与非国有企业集团相比，附属于国有企业集团的内部资本市场运作更为活跃，其成员企业的投资规模越大。

5.1.2　企业集团内部资本市场与成员企业投资效率

融资企业与潜在外部投资者之间的信息不对称可能会迫使企业放弃净现值为正的投资项目，从而产生投资不足（Myers and Majluf，1984）。内部资本市场可以减少信息不对称，有助于资源的优化配置，并避免了投资不足。斯坦（1997）指出，内部资本市场通过包括协同效应在内的多种效应缓解企业面临的信用约束，使企业获得更多的外部融资，满足营利性项目的资金需求，从而具有"多钱效应功能"。另外，处于信息优势的集团总部通过各个部门间的相互竞争，对集团分部内部各投资机会按回报率高低进行排序，将有限的资本分配到边际收益最高的部门实现"优胜者选拔"，并生成"多钱效应"功能。科拉希斯基（Kolasinski，2009）的研究也表明，企业集团倾向于向下属公司提供担保债务，进而避免具有投资机会的下属公司陷于资金短缺的困境；企业集团之间提供的相互担保有助于消除或缓解困扰内部资本市场的"公司社会主义"问题，相互担保有助于整体上提高企业集团的融资能力和实现资金的自由调配，因此，成员企业的投资更容易得到充足的资金支持，从而缓解融资约束，降低投资不足程度。集团内部资本市场缓解融资约束的作用在金融危机期间表现得较为明显（Kuppuswamy and Villalonga，2010；Almeida and Kim，2013），企业集团的共同保险效应也起到了降低成员企业债务成本的作用（ByunetaL，2013）。我国宏观上的金融抑制环境，企业通常面临着投资的融资约束状况，内部资本市场在此阶段应发挥其特定的资本配置功能，缓解有效缓解成员企业的融资约束和投资不足问题（邵军等，2008b；黎来芳等，2009）。一些学者通过案例研究的方法，证明了企业集团内部资本市场的资本配置是有效的，提高了企业的投资效率（王峰娟和邹存良，2009；王化成和曾雪云，2012；李娜，2013）。

但是，除了缓解融资约束的"光明面"之外，由于代理冲突和治理环境的缺陷，内部资本市场在具体运作中极易发生功能异化，成为大股东通过关联交易等途径"掏空"上市公司的工具。在投资者保护较弱的国家，控股股东组建企业集团的目的就是为了通过金字塔股权结构下的内部资本市场来转移公司资源，实现对中小股东的利益侵占（Lins，2003；Almeida and Wolfenzon，2006）。企业集团内部不是依据各部门的投资机会（相对价格）的变化调整资源流向，对相对价格下降的部门的资本补贴行为会避免一些弱势部门的倒闭和退出，从而致使投资机会贫乏的部门出现过度投资（Scharfstein and Stein，2000）。另外，下属公司管理层能够通过游说活动进行寻租，影响了母公司CEO对内部资本的配置（Rajan et al.，2000），这些寻租行为可能导致资源从投资机会多的分部流向投资机会贫乏的分部，从而损害内部资本市场的资源配置效率和过度投资行为（Glaser et al.，2013；Duchin and Sosyura，2013）。企业集团多层级的组织结构和内部复杂的产权关系加大了代理链条的长度，集团控股股东有动机要求成员公司进行过度投资以增加自身的控制权私有收益（Wei and Zhang，2008；Gao et al.，2013），这种机会主义行为加剧了自由现金流的过度投资。

综上所述，附属于企业集团的成员企业既可能通过内部资本市场优化资源配置和放松融资约束，也可能在公司治理体系不完善的情况下扭曲内部资本市场的核心功能，沦为大股东的"掏空"对象。在我国投资者弱保护的市场机制下，当附属于企业集团的上市公司现金流较为充足时，企业集团内部资本市场很可能成为大股东"掏空"上市公司的工具和渠道，而当现金流不足时，附属于集团的内部成员间的担保和互助可以缓解上市公司的投资不足。基于此，我们提出如下假设：

假设 3：与独立企业相比，附属于企业集团的成员企业投资不足程度较低，而过度投资程度显著较高；随着集团内部资本市场运作活跃程度的提升，成员企业投资不足程度变得更低，而过度投资程度也随之增高。

同样，我们仍需考虑异质的产权性质对企业集团内部资本市场资源配置的影响。国有上市公司能从政府和银行获得更多的优惠政策和便利条件，其实力雄厚的大股东也往往能在资金扶持等方面给予强有力的援手，使得国有企业集团面临的融资约束的程度相对最低。其次，在中国特殊的制度背景下，地方政府对 GDP 增长以及政绩考核等目标的追求通常会依靠鼓励投资等措施部分地转嫁到上市公司身上，而当上市公司面临资金周转不畅、新项目建设等情况时，大股东也会通过资金支持等方式伸出"援助之手"，这自然会缓解上市公司的资金压力，减轻其投资不足程度，但也会加剧过度程度。对于国民营企业而言，大股东作为的实际控制人，其经济诉求决定了民营企业集团内部资本市场资本配置的特殊性。中国的民营企业一旦获取了"上市资格"这种稀缺壳资源，其更容易沦为集团内部的融资平台（刘星等，2010）。民营企业集团大股东在内部资本市场的资本配置过程，可以通过"掏空"来实现个人财富的增加。理论上讲，民营企业大股东不仅具有"掏空"的特性，同时也会表现出支持的一面，只不过这种支持行为通常是为了更进一步地索取，进而实现其"先输血再抽血"的使命。邵军和刘志远（2008）研究发现，对于内部资本市场规模小、成长速度快、控制权和现金流权分离程度小的民营集团，其成员企业所面临的融资约束得到了较大程度的缓解。袁奋强（2015）以"系族企业"为研究对象，运用投资现金流敏感性模型分析"系族企业"内部资本市场资本配置行为。研究结果发现：在"投资不足"组，"系族企业"总体上实现了有效的资本跨企业补贴；国有"系族企业"能够利用内部资本市场实现其资本配置功能，但是民营"系族企业"却不能有效发挥其资本配置功能，内部资本市场更可能异化为"掏空"工具；在"过度投资"组，"系族企业"并没有通过跨部门的交叉补贴来扩大过度投资问题，内部资本市场的资本配置功能没有异化为"掏空"的工具；国有"系族企业"并没有进行无效的企业内部交叉补贴，民营"系族企业"却可以通过内部资本市场的资本转移来实现其资本的有效配置。基于以上分析，我们提出如下假设：

假设4：相比较于非国有企业，随着集团内部资本市场运作活跃程度的提升，国有企业集团控制的成员企业过度投资的程度较高；相比较于国有企业，随着集团内部资本市场运作活跃程度的提升，附属于民营企业集团的成员企业投资不足的程度较低。

5.2 研 究 设 计

5.2.1 模型设定与变量定义

我们设定如下模型（5-1）来检验假设1。在模型（5-1）中，被解释变量为企业投资规模，核心解释变量为集团内部资本市场活跃程度变量（ICM）和企业集团控制变量（Group），此外，影响企业投资规模的因素还有自由现金流量、负债比率、企业规模、成长机会和第一大股东持股比例等，我们对上述影响因素加以控制。

$$Inv = \alpha + \alpha_1 Group + \alpha_2 ICM + \alpha_3 CF + \alpha_4 CF \times Group + \alpha_5 CF \times ICM + \alpha_6 Lev$$
$$+ \alpha_7 Size + \alpha_8 Grow + \alpha_9 Top1 + \sum year + \sum industry + \varepsilon_{it}$$

模型（5-1）

对于假设2的检验，我们在模型（5-1）的基础上加入产权属性变量（GOV）以及交乘项 GOV×Group 和 GOV×ICM，以检验不同产权属性对企业集团内部资本市场运作与成员企业投资规模的关系产生的影响。此外，交乘项 GOV×CF、ICM×CF 与 GOV×ICM×CF 的系数对本书的研究主题也至关重要。GOV×CF 的系数反映了产权属性对投资—现金流敏感性的影响，ICM×CF 的系数反映了内部资本市场对投资—现金流敏感性的影响，而 GOV×ICM×CF 的系数则代表的是产权属性对集团成员内部资本市场投资—现金流敏感性的影响。相关控制变量与模型（5-1）相同，在此不再赘述。

$$Inv = \alpha + \alpha_1 Group + \alpha_2 ICM + \alpha_3 Gov + \alpha_4 Gov \times Group + \alpha_5 Gov \times ICM + \alpha_6 CF$$
$$+ \alpha_7 Gov \times CF \times + \alpha_8 Gov \times Group \times CF + \alpha_9 Gov \times ICM \times CF + \alpha_{10} Lev$$
$$+ \alpha_{11} Size + \alpha_{12} Grow + \alpha_{13} Top1 + \sum year + \sum industry + \varepsilon_{it}$$

模型（5-2）

对于假设3的检验，本书借鉴理查森（Richardson，2006）和陈运森和谢德仁（2011）等人的做法，先通过模型（5－3）估计预期新增投资水平和过度投资和投资不足的程度。然后在模型（5－3）的基础上，建立模型（5－4）来考察集团内部资本市场运作对成员企业投资效率的影响。

$$\mathrm{Inv}_{it} = \beta + \beta_1 Growth_{i,t-1} + \beta_2 Cash_{i,t-1} + \beta_3 Lev_{i,t-1} + \beta_4 Size_{i,t-1} + \beta_5 Age_{i,t-1}$$

$$+ \beta_6 Ret_{i,t-1} + \beta_7 Inv_{i,t-1} + \sum year + \sum industry + \varepsilon_{it} \qquad 模型（5-3）$$

$$OI(UI) = \beta_0 + \beta_1 Group + \beta_2 ICM + \beta_3 CF + \beta_4 ROE + \beta_5 ADM + \beta_6 Occuppy$$

$$+ \beta_7 Top1 + \sum industry + \sum year + \varepsilon_{it} \qquad 模型（5-4）$$

在模型（5－4）中，因变量分别为投资过度和投资不足的程度，由模型（5－3）得到。核心解释变量为企业集团（Group）和内部资本市场运作活跃程度变量（ICM）。此外，根据辛清泉（2007）和刘星（2010）等文献，我们引入自由现金流量、净资产收益率、管理费用率、大股东占款与第一大股东持股比率作为控制变量。

对于假设 4 的检验，我们在模型（5－4）的基础上加入产权属性变量（GOV）以及交乘项 GOV×Group 和 GOV×ICM，如模型（5－5）所示，以检验不同产权属性对集团内部资本市场运作与成员企业投资效率产生的影响。相关控制变量的引入与模型（5－4）相同，此处不再赘述。

$$OI(UI)_{it} = \beta_0 + \beta_1 Group_t + \beta_2 ICM_t + \beta_3 Gov_t + \beta_4 Gov \times Group_t + \beta_5 Gov \times ICM_t$$

$$+ \beta_6 CF_t + \beta_7 ROE_t + \beta_8 ADM_t + \beta_9 Occuppy_t + \beta_{10} Top1_t$$

$$+ \sum industry + \sum year + \varepsilon_{it} \qquad 模型（5-5）$$

上述模型相关变量的定义如表 5－1 所示。

表 5 –1　　　　　　　　　　　　相关变量定义表

变量名称	变量符号	变量的说明及定义
资本投资	Inv	［期末（固定资产＋在建工程＋无形资产＋长期投资）－期初（固定资产＋在建工程＋无形资产＋长期投资）］/期初总资产
投资过度	OI	过度投资水平，模型（5－3）大于 0 回归的残差
投资不足	UI	投资不足水平，模型（5－1）小于 0 回归的残差的绝对值
集团控制	Group	如果上市公司附属于某一企业集团，则赋值为 1，否则为 0
内部资本市场	ICM	上市公司与集团内关联方之间的（应收账款＋预付账款＋应收票据＋其他应收款＋应付账款＋预收账款＋应付票据＋其他应付款）/年末总资产

续表

变量名称	变量符号	变量的说明及定义
产权属性	Gov	国有上市公司取1，非国有上市公司取0
自由现金流量	CF	经营现金流量净额减折旧、摊销和预期资本投资/总资产，预期资本投资额来自于模型（5-3）的回归结果
成长机会	Grow	本期主营业务收入增长率 - 上期主营业务收入增长率
资产负债率	Lev	总负债/期初总资产
企业规模	Size	总资产的自然对数
第一大股东持股比例	TOP1	季度上市公司第一大股东持股比
现金持有量	Cash	（现金 + 短期投资）/期初总资产
上市年龄	Age	截至 t-1 期期末公司上市的年龄
股票收益率	Ret	经市场调整的股票年收益率
管理费用率	ADM	管理费用/主营业务收入
大股东占款	Occupy	其他应收款/总资产
净资产收益率	ROE	净利润/所有者权益
年度虚拟变量	year	控制不同时期宏观经济因素的影响，共6个年度虚拟变量
行业虚拟变量	Industry	参照中国证监会行业分类指南，共计20个行业虚拟变量

5.2.2 样本选取与数据来源

我们以 2007～2014 年度沪深两市 A 股上市公司为初始样本，并在此基础上按照以下程序对样本进行了筛选：（1）剔除了金融和保险行业的上市公司；（2）由于需要滞后一期相关变量的数据，我们剔除了当年上市的样本公司；（3）剔除数据不全或研究期间退市的上市公司；（4）剔除无法判断是否属于集团控制的上市公司；（5）为减轻离群值对估计结果的影响，我们对所有数据作为 1% 和 99% 分位数上的 Winsorize 处理。这样，本书选取的最终样本为7118 个观测值。

上市公司是否附属于企业集团的数据主要通过公司年报手工收集整理而成。借鉴辛清泉等（2007）的做法，如果第一大股东为集团公司或者实际上充当集团公司职能的公司，则认为上市公司附属于企业集团；如果第一大股东为各级国资委、国有资产经营公司、财政局或者其他政府机构，或者其他自身不从事任何实业经营、只从事投资控股业务的公司或个人，则认为上市公司是非集团控制企业。上市公司最终控制人的产权性质的相关数据通过 CSMAR 股东库数据库获得，其他财务数据和行业类型数据，均来自 CSMAR 和 CCER 数据库。

5.3　检验结果与分析

5.3.1　描述性统计

表 5－2 报告了主要变量的描述性统计结果。从表 5－2 可以看出：无论是国有企业集团还是非国有企业集团，附属于企业集团上市公司的投资规模均显著高于非企业集团上市公司，且两者之间的差异在 1% 的水平上显著；从全样本的统计结果来看，附属于企业集团的上市公司的平均投资水平为 0.414，而独立企业的平均投资水平为 0.402，两类企业平均投资水平存在显著差异；其次，附属于国有集团上市公司的投资水平明显高于非国有企业集团上市公司（两者的投资水平分别为 0.426 和 0.403，且在 1% 的水平的显著存在差异）；进一步考查非效率投资水平指标我们发现，无论企业集团的属性如何，附属于企业集团的上市公司的过度投资程度均高于独立企业，而投资不足的程度更低：从全样本的数据来看，附属于企业集团的上市公司的过度投资平均水平为 0.021，而独立企业的过度投资均值为 0.014，二者存在显著差异；附属于企业集团的上市公司和独立企业投资不足水平为分别为 0.027 和 0.031，二者差异同样的 1% 的水平上显著。另外，从产权属性来看，国有企业集团上市公司的投资过度水平为 0.028，而非国有企业过度投资水平为 0.025，国有企业集团上市公司过度投资程度明显高于非国有企业过度投资程度；国有企业集团上市公司和非国有企业集团上市公司投资不足水平分别为 0.025 和 0.031，说明与国有企业集团相比，非国有企业集团上市公司投资不足程度更低；就企业集团内部资本市场而言，附属于企业集团的上市内部本市场显著活跃于独立企业，从全样本数据比较来看，附属于企业集团的上市公司内部资本市场均值为 0.495，而独立企业内部效果的数据为 0.480，两者的 5% 的水平的存在显著差异，从产权性质来看，企业集团上市公司和非国有企业集团上市公司内部资本市场的活跃度分别为 0.491 和 0.516，说明与国有企业集团相比，非国有企业

集团上市公司内部资本市场更为活跃；就控制变量而言，附属于企业集团的上市公司自由现金流量水平明显高于独立企业，第一大股东持股比例、企业规模和大股东占款和管理费用率等指标，也是附属于企业集团的上市公司显著高于独立企业。

表 5 - 2 相关变量的描述性统计

变量	非国有企业			国有企业			全样本		
	集团控制	独立企业	T 值	集团控制	独立企业	T 值	集团控制	独立企业	T 值
Inv	0.403	0.398	4.093 ***	0.426	0.416	2.891 ***	0.414	0.402	4.84 ***
OI	0.025	0.019	2.68 ***	0.028	0.017	3.27 ***	0.021	0.014	4.21 ***
UI	0.025	0.036	− 3.370 ***	0.031	0.034	0.1.165	0.027	0.031	− 1.642
ICM	0.516	0.475	3.05 ***	0.491	0.461	2.320 **	0.495	0.480	1.60 **
CF	0.014	0.011	2.633 ***	0.031	0.019	2.492 **	0.023	0.015	0.788 **
Grow	0.552	0.480	0.840	1.530	1.660	− 1.470 **	0.722	0.751	− 1.304
Lev	0.508	0.527	− 2.285 ***	0.736	0.988	− 0.897	0.623	0.764	0.982
Top1	43.14	38.63	2.08 ***	39.27	34.17	2.310 ***	41.18	37.90	2.21 ***
Size	21.46	21.29	3.23 ***	22.33	22.14	2.021 ***	21.77	21.56	5.920 ***
Occuppy	0.034	0.046	− 9.678 ***	0.039	0.104	2.170 ***	0.037	0.076	2.562 ***
ADM	0.089	0.075	0.530	0.110	0.0923	1.99 **	0.074	0.064	2.081 ***
ROE	0.123	0.148	2.04 ***	0.167	0.180	1.89 **	0.138	0.145	1.609

注：***、** 和 * 分别表示在 1%，5% 和 10% 的水平上显著。

5.3.2 相关性分析

表 5 - 3 列示了主要变量的相关性分析矩阵。从表 5 - 3 可以看出，Inv 与 ICM 存在显著正相关关系，表明企业集团内部资本市场运作越活跃，投资规模越大，Inv 与 Group 显著正相关，表明附属于企业集团的成员企业投资水平更高；过度投资（OI）与 ICM 和 Group 均正相关，表明附属于企业集团的成员企业过主投资水平更高，企业集团内部资本市场运作越活跃，过度投资水平越高；投资不足（UI）与 ICM 负相关，表明企业集团内部资本市场运作降低了附属于企业集团的成员企业投资不足。另外，投资水平与现金流量、成长机会、企业规模、大股东占款和权益净利率显著正相关，与资产负债率和第一大股

表 5-3

主要变量相关性分析

	Inv	OI	UI	Group	ICM	CF	Grow	Lev	Top1	Size	Occuppy	ADM	ROE
Inv	1												
OI	-0.217***	1											
UI	-0.316***	-0.016	1										
Group	0.067**	0.067**	-0.054	1									
ICM	0.348***	0.278***	-0.162***	0.213**	1								
CF	0.414***	0.367***	-0.134***	0.154***	0.610***	1							
Grow	0.448***	0.395***	-0.378***	0.039	0.013	0.320***	1						
Lev	-0.346*	-0.145*	0.268**	0.033	0.275***	0.269***	0.095***	1					
Top1	-0.046	0.028*	-0.068	0.173	0.075	0.269***	-0.025	0.078**	1				
Size	0.430***	0.217***	-0.081**	0.012	0.076***	0.464	0.335***	0.352***	0.052***	1			
Occuppy	0.094***	0.062	0.049	0.017	0.045	0.022**	-0.010	-0.013	0.214***	0.038***	1		
ADM	-0.007	-0.002	-0.035	-0.007	0.003	0.055*	-0.020	-0.035*	0.041***	0.162***	-0.059	1	
ROE	0.448***	0.143***	-0.378*	0.079	0.234***	-0.020	0.023	0.199***	-0.004	0.039***	-0.278*	-0.259**	1

注：***、** 和 * 分别表示在 1%，5% 和 10% 的水平上显著。

股东持股比例显著负相关；过度投资（OI）与现金流量、成长机会、企业规模和权益净利率显著正相关，与资产负债率和第一大股股东持股比例显著负相关；投资不足与（UI）与现金流量、成长机会、企业规模和权益净利率显著负相关，与资产负债率和第一大股股东持股比例显著正相关。

5.3.3 回归分析

1. 集团内部资本市场与成员企业投资规模回归结果

表5-4列示了集团内部资本市场运作对成员企业投资规模的影响。模型（5-1）为不控制其他变量的全样本的回归结果，模型（5-2）为控制了其他变量的全样本的回归结果。从全样本回归结果可知，在不控制其他变量和控制了其他变量的情况下，Group 回归系数为0.002，且在5%的水平上显著，表明与独立企业相比，附属于企业集团的上市公司投资规模更高。CF 的回归系数也显著为正，说明企业集团内部现金流越充裕，附属于企业集团的成员企业投资水平越高；交乘项 CF×Group 的系数显著为负，表明附属于企业集团的上市公司能够有效降低投资—现金流敏感性，由此降低了融资约束，进而促进成员企业投资规模的提高。为了避免虚拟变量回归的单一性，我们将附属于企业集团的子样本单独作为研究对象，以内部资本市场活跃程度（ICM）作为核心解释变量，探寻其与投资规模之间的线性关系。模型（5-3）为不控制其他变量的附属于企业集团子样本的回归结果，模型（5-4）控制其他变量的附属于企业集团子样本的回归结果。从附属于企业集团的子样本回归结果可以看出，ICM 的回归系数为0.486，且在1%的水平上显著为正，从而表明集团内部资本市场运作越活跃，成员企业资本投资规模越大。与全样本回归结果相一致，附属于企业集团的子样本经营现金流 CF 的系数显著为正，而交乘项 CF×ICM 的回归系数显著为负，表明集团内部资本市场的运作可以有效缓解成员企业的融资约束，扩大企业的投资规模。从而假设1得到验证。另外，就控制变量而言，资产负债率的回归系数显著为正，表明负债融资又促进了企业投资规模的扩张；第一大股东持股比 TOP1 的系数显著为正，说明股权集中度越高，控股股东越倾向于扩大投资规模；企业模型的回归系数也显著为正，表明企业模型越大，企业的投资水平也越高。

表 5 - 4　　　　　　　企业集团内部资本市场与投资规模回归结果

变量	全样本		集团子样本	
	模型（5 - 1）	模型（5 - 2）	模型（5 - 3）	模型（5 - 4）
Intercept	0.044 *** (4.844)	0.058 ** (2.682)	0.435 *** (17.874)	0.446 *** (19.963)
Group	0.001 ** (1.976)	0.002 ** (2.020)		
ICM			0.352 *** (24.891)	0.486 *** (39.612)
CF	0.166 *** (17.453)	0.358 *** (21.733)	0.562 *** (21.648)	0.785 *** (25.491)
CF × Group	- 0.043 *** (- 2.782)	- 0.062 *** (2.913)		
CF × ICM			- 0.764 *** (- 14.760)	- 0.941 *** (- 16.597)
Lev		0.025 *** (10.914)		0.326 *** (18.203)
Size		0.0145 *** (13.974)		0.0208 *** (15.102)
Grow		2.653 (1.393)		0.401 (0.280)
TOP1		0.031 *** (4.707)		0.035 *** (5.242)
Industry	控制	控制	控制	控制
Year	控制	控制	控制	控制
N	4482	4482		2636
Adj - R^2	0.312 ***	0.383 ***	0.373	0.402
F - Value	615.37 ***	708.60 ***	854.07 ***	978.51 ***

注：*** 、** 和 * 分别表示在 1% ，5% 和 10% 的水平上显著。

2. 产权属性、企业集团内部资本市场与成员企业投资规模的回归结果

表 5 - 5 报告了产权属性对集团内部资本市场运作与成员企业投资规模关系

的影响。模型（5-1）为不控制其他变量的全样本的回归结果，模型（5-2）为控制了其他变量的全样本的回归结果，模型（5-3）为不控制其他变量的附属于企业集团子样本的回归结果，模型（5-4）控制其他变量的附属于企业集团子样本的回归结果。从表5-4可以看出：就全样本数据而言，Group回归系数显著为正，表明与独立企业相比，附属于企业集团的上市公司投资规模更高；Gov的回归系数也显著为正，表明相对于非国有企业而言，国有企业投资规模更高；交乘项Gov×Group回归系数显著为正，表明相对于非国有企业而言，附属于国有企业集团的上市公司的投资规模更高；交乘项Group×CF的系数显著为负，表明附属于企业集团的上市公司能够有效降低投资—现金流敏感性，从而降低了其融资约束，促进成员企业投资规模的提高；CF×Group×Gov的系数在控制了其他变量后显著为负，表明相对于非国有企业集团而言，附属于国有企业集团的企业成员的投资现金流敏感性降低的更多，从而其融资约束程度下降得更快。从而验证了假设2。同样，为了避免虚拟变量回归的单一性，我们在集团公司子样本中加入内部资本市场活跃程度（ICM）变量。我们发现，控制了其他变量的Gov的回归系数为0.032，且在5%的水平上显著为正，表明相对非国有企业集团而言，国有企业集团投资规模更大；ICM回归系数显著为正，表明企业集团内部资本市场活跃程度越高，附属于企业集团的上市公司投资规模更大；交乘项Gov×ICM的回归系数也显著为正，表明相对于非国有企业而言，国有企业集团内部资本市场运作对成员企业投资规模的正向促进作用。此外，交乘项CF×ICM×Gov的系数均显著为负，表明相对于非国有企业而言，国有企业集团内部资本市场的运作降低了集团成员企业的投资现金流敏感性，缓解了其融资约束程度。以上结论基本支持了假设2。就控制变量而言，资产负债率Lev的回归系数显著为正，表明负债融资对企业投资规模的扩大产生的正向的刺激作用；第一大股东持股比TOP的系数显著为正，说明股权集中度越高，控股股东越倾向于扩大投资规模；企业模型的回归系数也显著为正，表明企业模型越大，企业的投资水平也越高。

表5-5　　　　产权属性、企业集团内部资本市场与投资规模回归结果

变量	全样本	T值	集团子样本	T值
	模型（5-1）	模型（5-2）	模型（5-3）	模型（5-4）
Intercept	0.078 *** (2.982)	0.089 *** (3.204)	0.392 *** (12.482)	0.451 *** (15.970)

续表

变量	全样本	T 值	集团子样本	T 值
	模型（5－1）	模型（5－2）	模型（5－3）	模型（5－4）
Group	0.002 ** (2.20)	0.003 ** (2.37)		
ICM			0.401 *** (21.625)	0.494 *** (24.672)
Gov	0.011 ** (2.059)	0.014 ** (2.174)	0.027 ** (2.214)	0.032 ** (2.372)
Gov × Group	0.023 *** (3.083)	0.026 *** (3.474)		
Gov × ICM			0.034 *** (3.752)	0.039 *** (4.384)
CF	1.001 *** (8.675)	1.022 *** (9.645)	0.401 *** (2.897)	0.442 *** (2.994)
Gov × CF	－ 3.119 *** (5.214)	－ 3.330 *** (5.906)	1.671 ** (2.024)	1.861 ** (2.056)
Group × CF	－ .0172 *** (2.241)	－ .0195 *** (2.346)		
ICM × CF			－ 0.235 *** (－4.047)	－ 0.277 *** (－4.922)
Gov × Group × CF	－ 1.104 (－1.546)	－ 1.310 * (－1.704)		
Gov × ICM × CF			－ 3.88 ** (－2.166)	－ 3.95 ** (－2.234)
Lev		0.0002 *** (2.930)		0.326 *** (80.102)
Size		0.014 *** (13.276)		0.011 *** (10.127)
Grow		1.571 (0.366)		2.561 (0.784)

变量	全样本	T 值	集团子样本	T 值
	模型（5-1）	模型（5-2）	模型（5-3）	模型（5-4）
TOP1		0.033 *** （4.879）		0.034 *** （5.256）
Industry	控制	控制	控制	控制
Year	控制	控制	控制	控制
N	4482	4482	2636	2636
Adj – R²	0.3247	0.3842	0.3781	4097
F – Value	587.19 ***	619.57 ***	823.54 ***	943.80 ***

注：*** 、** 和 * 分别表示在1%，5%和10%的水平上显著。

3. 企业集团内部资本市场与成员企业投资效率回归结果

表5-6是预期新增投资水平的回归结果。从表5-6可看出，现金持有水平（Cash）、资产负债率（Lev）和上市年龄（Age）与投资水平负相关，企业规模（Size）、主营业务收入增长率（Growth）和经行业调整的股票收益率（Ret）与投资水平正相关，这与理查森（Richardon，2006）、辛清泉（2007）和花贵如（2011）的研究结论相一致。从 Adj – R² 来看，其值均在0.35之上，说明使用理查森（2006）模型来估计预期新增投资水平，基本上是可靠的。

表5-6　　　　　　　　　　预期投资水平的回归结果

变量	con	Cash	Lev	Size	Growth	Ret	Age	Inv$_{t-1}$	N	Adj – R²	F
Inv	0.013	– 0.018 **	– 0.018 ***	0.003 ***	0.020 ***	0.003 **	– 0.002 ***	0.460 ***	4542	0.3493	89.33
t 值	0.10	（– 2.73）	（– 4.27）	4.21	8.37	2.23	（– 8.58）	35.87			

注：*** 、** 和 * 分别表示在1%、5%和10%的水平上显著。

表5-7报告了集团内部资本市场对成员企业投资效率的回归结果。从全样本数据的回归结果来看，当因变量为过度投资时，Group 的回归系数在1%的水平上显著为正，而当因变量为投资不足时，Group 的回归系数在1%的水平上显著为负，这表明，相比较于独立企业而言，附属于企业集团的成员企业过度投资程度有所提高，而投资不足程度却有效降低；CF 的回归系数在过度

投资时显著为正，在投资不足时不存在显著相关关系，这与詹森（Jensen，1986）的自由现金流理论相符，即当企业自由现金流充足时，更容易产生过度投资行为。就企业集团子样本而言，内部资本市场（ICM）的回归系数在因变量为过度投资时是 0.321，且在 1% 的水平上显著，而当因变量为投资不足时其回归系数为 -1.333，也在 1% 的水平上显著；这也表明随着集团内部资本市场运作活跃程度的提升，成员企业投资不足程度变得更低，而过度投资程度也随之增高。上述结论有力地验证了假设 3。就其他控制变量而言，大股东占款剥夺了上市公司用于投资的资金储备，从而显著抑制了过度投资程度并加剧了投资不足；此外，我们还发现，管理费用率的提高降低了上市公司投资过度的程度，而对投资不足没有产生影响；第一大股东持股比例对过度投资有显著的正向影响，对投资不足有显著的负向影响。

表 5-7　　　　集团内部资本市场与成员企业投资效率回归结果

变量	过度投资（OI）		投资不足（UI）	
	全样本	集团子样本	全样本	集团子样本
Intercept	0.167 *** (34.962)		-0.125 *** (-30.821)	-0.068 *** (-12.703)
Group	0.006 *** (3.34)		-0.007 *** (-4.70)	
ICM		0.321 *** (42.236)		-0.133 *** (-33.038)
CF	0.025 *** (3.446)	0.059 *** (5.391)	0.014 (1.556)	0.021 * (1.778)
ROE	-0.012 *** (-10.211)	-0.042 *** (-17.190)	-0.002 *** (-4.376)	-0.041 *** (10.812)
ADM	-0.0001 *** (-5.773)	-0.0001 *** (-7.338)	0.0002 (0.49)	-0.0003 (-1.469)
Occuppy	-0.215 *** (-13.672)	-0.273 *** (-10.923)	0.038 *** (3.984)	0.142 *** (11.153)
TOP1	0.020 *** (3.564)	0.003 (0.532)	-.022 *** (-4.914)	-0.024 *** (-4.577)

续表

变量	过度投资（OI）		投资不足（UI）	
	全样本	集团子样本	全样本	集团子样本
Industry	控制	控制	控制	控制
Year	控制	控制	控制	控制
N	2490	1668	4628	3098
$Adj - R^2$	0.055	0.217	0.066	0.151
$F - Value$	35.45***	104.25***	46.01***	72.26***

注：***、**和*分别表示在1%，5%和10%的水平上显著。

4. 产权属性、集团内部资本市场与成员企业投资效率回归结果

表5 - 8列示了产权属性对集团内部资本市场运作与成员企业投资效率的回归结果。从表5 - 8可以看出：Group的回归系数在过度投资时显著为正，当投资不足时显著为负，这表明，相比较于非企业集团上市公司而言，附属于企业集团的上市公司有着较高的过度投资程度及较低的投资不足程度；当被解释变量为过度投资时，Gov的回归系数显著为正，当被解释变量为投资不足时，Gov的回归系数显著为负，说明附属于国有企业集团的成员企业过度投资水平更为严重，而投资不足因政府的扶持之手而相对较轻；当样本为企业集团子样本时，内部资本市场（ICM）的回归系数在因变量为过度投资在1%的水平上显著正，而当因变量为投资不足时其回归系数在1%的水平上显著为负，表明随着集团内部资本市场运作活跃程度的提升，成员企业投资不足程度得以缓解，而过度投资程度也随之增高。另外，当因变量为过度投资时，Gov × Group的回归系数为0.109，显著为正，相对非国有企业集团上市公司而言，附属于国有集团的上市公司其过度投资的程度更为严重，国企的产权属性强化了集团控制与成员企业过度投资之间的正向关系；同样，进一步对于企业集团子样本的研究表明，Gov × ICM的系数也显著为正，表明国有企业集团内部资本市场运作活跃程度进一步强化了集团成员企业过度投资的水平。当因变量为投资不足时，就全样本而言，Gov × Group的系数为 - 0.201，且在5%的水平显著，表明与非国有企业集团相比，附属于国有企业集团的上市公司投资不足的程度得以缓解，就企业集团子样本而言，Gov × ICM的回归系数也显著为负，表明集团内部资本市场运作对成员企业投资不足的缓解作用在非国有企业表现

得更为显著。假设4得到验证。就其他控制变量而言，CF 的回归系数在过度投资时显著为正，在投资不足时不存在显著相关关系，即当企业自由现金流充足时，更容易产生过度投资行为。大股东占款剥夺了上市公司用于投资的资金储备，从而显著抑制了过度投资程度并加剧了投资不足；此外，我们还发现，管理费用率的提高降低了上市公司投资过度的程度，而对投资不足没有产生影响；第一大股东持股比例对过度投资有显著的正向影响，对投资不足有显著的负向影响。

表5-8　　产权属性、集团内部资本市场与成员企业投资效率回归结果

变量	过度投资（OI）		投资不足（UI）	
	全样本	集团子样本	全样本	集团子样本
Intercept	0. 177 *** (12. 10)	0. 261 *** (10. 67)	− 0. 119 *** (− 9. 62)	− 0. 0001 (0. 009)
Group	0. 026 *** (3. 10)		− 0. 010 ** (− 2. 41)	
ICM		0. 154 *** (5. 20)		− 0. 266 *** (− 15. 24)
Gov	0. 447 *** (4. 68)	0. 348 *** (3. 88)	− 0. 316 *** (− 3. 28)	− 0. 348 *** (− 4. 56)
Gov × Group	0. 109 ** (2. 46)		− 0. 201 ** (− 2. 57)	
Gov × ICM		0. 882 *** (5. 80)		0. − 688 *** (− 7. 78)
CF	0. 019 *** (3. 02)	0. 029 *** (4. 75)	− 0. 015 ** (− 2. 31)	− 0. 007 (− 1. 68)
ROE	− . 013 *** (− 10. 15)	− 0. 042 *** (− 17. 21)	− 0. 038 *** (− 14. 88)	0. 046 ** (2. 23)
ADM	0. 00009 *** (5. 73)	0. 0001 *** (7. 37)	3. 251 (0. 451)	− 0. 0003 (− 1. 51)
Occuppy	− 0. 216 *** (− 13. 79)	− 0. 266 *** (− 10. 66)	0. 050 *** (5. 23)	0. 155 *** (12. 15)

续表

变量	过度投资（OI）		投资不足（UI）	
	全样本	集团子样本	全样本	集团子样本
TOPl	0.019 *** (3.51)	0.002 (0.45)	−0.021 *** (−4.57)	0.024 *** (4.56)
Industry	控制	控制	控制	控制
Year	控制	控制	控制	控制
N	2490	1668	4628	3098
Adj − R^2	0.177	0.221	0.076	0.158
F − Value	35.452 ***	98.751 ***	48.643 ***	70.773 ***

注：***、** 和 * 分别表示在1%，5%和10%的水平上显著。

5.4 稳健性测试

为了保研究结果的稳健性，我们对投资规模重新进行了界定，以期末购建固定资产、无形资产和其他长期资产支付的现金/期初总资产作为资本投资的度量指标，分别对模型（5-1）和模型（5-2）进行了回归，回归结果如表5-9所示。

从表5-9可以看出，当投资规模的度量指标发生变化时，企业集团（Group）和企业集团内部资本市场的活跃度（ICM）对投资规模的影响并没有发生实质性的变化，在考虑产权属性的影响后，企业集团（Group）和企业集团内部资本市场的活跃度（ICM）对投资规模的影响也没有发生实质性的变化，基于以上敏感性测试，我们认为本书的研究结论是稳健的。

用理查森（Richardson，2006）模型进行过度投资和投资不足度量时，我们并没有考虑企业可能存在适度投资的问题。如果理查森（2006）模型的回归残差接近于0，可能是由于模型本身的衡量偏误所致。考虑到这种情况的影响，本书对过度投资组和投资不足组分别进行排序并分为四组，把过度投资组和投资不足组最接近于0的一组剔除，然后分别对模型（5-4）和模型（5-5）进行回归。回归结果如表5-10所示。

从表5-10可以看出，当考虑到企业适度投资水平时，企业集团（Group）和企业集团内部资本市场的活跃度（ICM）对过度投资和投资不足的影响基本没有发生实质性的变化。基于以上敏感性测试，可以推测我们的研究结论是稳健的。

表 5-9　企业集团内部资本市场与投资规模的稳健性测试

变量	全样本				集团子样本			
	模型 (5-1)	模型 (5-2)	模型 (5-3)	模型 (5-4)	模型 (5-5)	模型 (5-6)	模型 (5-7)	模型 (5-8)
Intercept	0.048 *** (4.934)	0.061 *** (3.720)	0.079 *** (3.991)	0.090 *** (3.423)	0.431 *** (18.018)	0.457 *** (20.175)	0.397 *** (12.573)	0.453 *** (16.085)
Group	0.001 ** (1.974)	0.002 ** (2.013)	0.002 *** (2.187)	0.002 *** (2.269)				
ICM							0.431 *** (22.863)	0.489 *** (25.025)
Gov			0.011 *** (2.065)	0.019 *** (2.587)			0.019 *** (2.078)	0.033 ** (2.280)
Gov × Group			0.025 *** (3.261)	0.028 *** (3.539)				
Gov × ICM					0.764 *** (14.726)	0.941 *** (16.549)	0.034 *** (3.755)	0.039 *** (4.368)
CF	0.167 *** (17.541)	0.385 *** (24.043)	1.074 *** (9.657)	1.132 *** (10.367)	0.589 *** (22.075)	0.790 *** (26.880)	0.431 ** (2.257)	0.442 ** (2.680)
Gov × CF			-3.182 *** (5.736)	-3.420 *** (6.514)			1.791 ** (2.314)	1.902 ** (2.332)
Group × CF	-0.042 ** (-2.579)	-0.060 ** (2.306)	-.0169 ** (2.144)	-.0189 ** (2.225)				
ICM × CF							-0.252 *** (-4.482)	-0.289 *** (-5.149)

续表

变量	全样本				集团子样本			
	模型（5－1）	模型（5－2）	模型（5－3）	模型（5－4）	模型（5－5）	模型（5－6）	模型（5－7）	模型（5－8）
Gov × Group × CF			-1.090 (-1.462)	-1.213* (-1.691)				
Gov × ICM × CF							-3.56*** (-2.04)	-3.79*** (-2.16)
Lev		0.023*** (10.221)		0.0002*** (2.105)		0.314*** (17.826)		0.379*** (85.137)
Size		0.015*** (14.123)		0.014*** (13.246)		0.021*** (15.350)		0.011*** (10.161)
Grow		2.345 (1.394)		1.421 (0.354)		0.438 (0.361)		2.713 (0.788)
TOP1		0.032*** (4.885)		0.034*** (4.982)		0.036*** (5.304)		0.035*** (5.532)
Industry			控制	控制			控制	控制
Year			控制	控制			控制	控制
N			4482	4482			2636	2636
Adj－R^2	0.324	0.389			0.373	0.402	0.3781	4097
F－Value	615.347***	708.60***	587.169***	619.537***	854.097***	978.501***	823.574***	943.880***

注：***，** 和 * 分别表示在 1%、5% 和 10% 的水平上显著。

表5-10 企业集团内部资本市场与投资效率的稳健性测试

变量	过度投资 (OI)				投资不足 (UI)			
	全样本		集团子样本		全样本		集团子样本	
Intercept	0.143 *** (29.680)	0.132 *** (10.789)	0.213 *** (29.907)	0.189 *** (8.690)	-0.104 *** (-27.723)	-0.117 *** (-8.061)	-0.079 *** (-11.439)	-0.084 *** (-13.264)
Group	0.005 *** (3.146)	0.024 *** (3.017)			-0.006 *** (-4.234)	-0.009 *** (-2.049)		
ICM			0.307 *** (38.419)	0.124 *** (4.793)			-0.113 *** (-30.908)	-0.241 *** (-14.290)
Gov		0.347 *** (4.094)		0.308 *** (3.333)		-0.294 *** (-3.047)		-0.301 *** (-4.762)
Gov × Group		0.009 ** (2.144)				-0.193 ** (-2.413)		
Gov × ICM				0.062 *** (5.037)				-0.058 *** (-4.832)
CF	0.025 *** (3.123)	0.017 *** (2.792)	0.043 *** (5.211)	0.021 (4.061)	0.120 (4.430)	-0.103 *** (-3.224)	-0.021 * (1.78)	-0.007 * (-1.68)
ROE	-0.010 *** (-9.238)	-0.011 *** (-9.634)	-0.035 *** (-16.078)	-0.034 *** (-15.217)	-0.002 ** (-1.892)	-0.036 *** (-13.042)	0.039 *** (9.852)	0.043 *** (7.292)

续表

变量	过度投资 (OI)				投资不足 (UI)			
	全样本		集团子样本		全样本		集团子样本	
ADM	-0.0001*** (-4.325)	0.0001*** (5.763)	-0.0001*** (-7.026)	0.0001*** (7.017)	0.000 (0.349)	3.471 (0.559)	-0.0003 (-1.294)	-0.0003 (-1.322)
Occuppy	-0.201*** (-11.880)	-0.218** (-13.054)	-0.246*** (-9.843)	-0.245*** (-8.976)	0.029*** (3.335)	0.043*** (4.789)	0.149*** (15.780)	0.137*** (11.217)
TOPI	0.018*** (3.432)	0.016*** (3.749)	0.003 (0.498)	0.001 (0.652)	-.020*** (-4.279)	-0.020*** (-4.310)	-0.022*** (-4.093)	0.020*** (3.672)
Industry	控制	控制	控制	控制	控制	控制	控制	控制
Year	控制	控制	控制	控制	控制	控制	控制	控制
N	1974	1974	1322	1322	3878	3878	2596	2596
Adj-R²	0.157	0.162	0.208	0.231	0.076	0.076	0.142	0.159
F-Value	36.492***	37.167***	87.063***	94.549***	41.629***	44.864***	83.762***	87.348***

注：***，**和*分别表示在1%，5%和10%的水平上显著。

5.5 本章小结

相对于独立企业而言，附属于企业集团的成员企业可以通过内部关联交易、资金拆借、委托贷款等方式绕开外部资金融通的限制，缓解成员企业的融资约束（Kim，2004；Almeida and Kim，2013）；但企业集团内部资本市场也为大股东"掏空"上市公司提供了运作平台，大股东可以方便地通过关联交易、资金占用等手段进行利益转移（Jiang et al.，2008；刘星等，2010；魏明海，2013）。

对于我国企业而言，渐进式的经济改革路径决定了我国大多数的上市公司都处于一个大股东控制下的集团内部资本市场环境中，企业集团的内部资本市场一方面为企业实现内部融资、缓解融资约束提供了运作平台，另一方面，为大股东通过内部资本市场进行资金融通和资本配置以实现自身利益最大化创造了条件。为了验证我国企业集团内部资本市场是否同时存在效率促进和大股东"掏空"的双重效应，以及不同产权性质企业集团内部资本市场效率促进和大股东"掏空"效应是否存在显著差异，我们以 2007～2014 年上市公司为研究对象，将样本公司分为附属于企业集团的上市公司和非附属于企业集团的独立公司，以投资规模和投资效率两个维度作为资本配置的度量指标，实证检验企业集团内部资本市场对不同属性成员企业发挥不同主导效应。

本章的研究得出如下结论：第一，企业集团内部资本市场并非只表现为简单的效率促进或是大股东"掏空"的单边效应，而是同时存在效率促进与大股东"掏空"的双重作用，且在不同性质的企业集团中，效率促进或大股东"掏空"哪种效应占据主导地位有所不同。第二，相对于独立企业而言，附属于企业集团的上市公司其投资规模更高，且企业集团内部资本市场运作越活跃，成员企业资本投资额规模也越大。第三，相对于非国有企业集团而言，附属于国有企业集团的上市公司投资规模更大，且国有企业集团内部资本市场的活跃程度进一步强化了其成员上市公司投资规模，降低了集团成员企业的投资现金流敏感性，缓解了其融资约束程度。第四，相对于独立企业而言，企业集团内部资本市场的运作缓解了成员企业投资不足，但加剧了其过度投资水平，且集团内部资本市场运作越活跃，成员企业投资不足程度越低，而过度投资程度也随之增高。第五，从产权属性的角度来看，随着集团内部资本市场运作活跃程度的提升，国有企业集团控制的上市公司过度投资的水平大幅提高，而民营企业集团控制的上市公司因内部资本市场的运作其投资不足的程度显著降低。

第6章

企业集团内部资本市场对
企业价值的影响

  企业集团内部资本市场能够帮助企业节约交易成本，缓解外部融资约束（Khanna and Yafeh，2007），可以在成员企业中实现"挑选优胜者"，将有限的资金配置到具有较高回报率的投资项目中，实现"活钱效应"，从而提高内部资源配置效率（Khanna and Yafeh，2007）；同时，企业的内部资本市场越能够发挥内部信息及监督优势，实现对不完善外部资本市场功能的部分替代（Gonencetal.，2007；Hovakimian，2008），从这些方面来看，企业集团内部资本市场具有"阳光面"。但是，层层控股的金字塔股权结构突显的代理问题使内部资本市场有其"黑暗面"，表现为企业集团内部资本市场成为大股东较为隐蔽的侵占资源和输送利益的通道（万良勇，2008），控股股东对成员企业的"掏空"行为严重影响了企业集团内部资本市场的资本配置效率（魏明海和万良勇，2006；邵军和刘志远，2007；魏明海，2013）。

  我们在第5章以投资规模和投资效率作为资本配置效率的度量，实证检验了企业集团内部资本市场对成员企业资本配置效率产生的影响，结果表明，我国的企业集团内部资本市场同时存在效率促进的正面效应和大股东"掏空"的负面效应，一方面，通过成员企业内部关联交易、资金拆借、委托贷款等方式绕开外部资金融通的限制，缓解了成员企业的融资约束进而提高了资本配置效率；另一方面，企业集团内部资本市场也为大股东"掏空"上市公司提供了运作平台，大股东可以方便地通过关联交易、资金占用等手段进行利益转移。既然企业集团内部资本市场在中国新兴市场环境中同时存在效率促进和大股东"掏空"的双重效应，那么，就最终经济后果来看，企业集团内部资本市场对成员企业价值产生了怎样的影响，是提升了成员企业的价值还是降低了成员企业的价值？对于国有企业集团和非国有企业集团而言，企业集团内部资本市场对成员企业价值是否会产生非同质性的影响？本章以 2007～2014 年中国上市公司为研究对象，将样本公司分为附属于企业集团的上市公司和非附属于企业集团的独立公司，实证检验企业集团内部资本市场对集团成员企业价值产生的影响，以及不同产权性质下，企业集团内部资本市场对国有企业集团成员企业与非国有企业集团成员企业价值产生的异质性的影响。

相比于已有文献，本章的研究贡献如下。第一，与以往研究囿于单一视角考察企业集团内部资本市场对企业价值的单边效应不同，本书较为全面、系统地揭示了企业集团内部资本市场在中国上市公司中所扮演的复杂角色，试图从企业价值这一视角深入探索企业集团内部资本市场所带来的正面效应和负面影响，这有助于增进已有文献对企业集团内部资本市场经济后果的理解。第二，本书从最终经济后果的角度厘清了企业集团内部资本市场对于附属于企业集团的成员企业究竟是创造价值还是毁灭价值，从而弥补已有文献的研究缺憾，也为更好地理解企业集团内部资本市场对附属于企业集团上市公司最终经济后果的影响提供经验依据。

6.1 理论分析与研究假设

企业集团内部资本市场作为外部交易市场的替代形式，会对附属于企业集团的上市公司资本配置效率和整个社会的经济后果产生影响，但目前学术界对于企业集团内部资本市场的效率研究结论不一。

一种观点认为，企业集团内部资本市场可以提升企业集团资源配置效率并提高公司的绩效。外部市场的不完善增加了其获取必要生产要素的成本。在这种背景下，促进经济发展的重要途径之一就是透过企业集团的内部网络进行投资和经营（Khanna and Palepu，1997）。企业集团内部交易降低交易过程中的信息不对称和外部市场环境的不确定性，确保了日常交易的稳定性，提高企业的适应性，从而成为一种有助于交易进行和降低交易成本的制度安排（Claessens and Fax 2003）。企业集团内部资本市场实现了不同部门或子公司不完全相关的现金流的有效转移，实现了资金从非主营业务转向主营业务，从现金充裕的子公司转向现金紧缺的子公司，从上市公司转向非上市公司，从成长性差且融资约束程度低公司的资金转移至成长性高且融资约束程度高的公司，实现现金流的有效互补，降低了成员企业的融资约束程度，提高了上市公司的价值

（Gopalan et al.，2014；Gugler et al.，2013；Chen et al.，2015）。就我国的现实情况而言，一方面，内部资本市场可以弥补外部资本市场配置的缺陷（王明虎，2009），能有效发挥资源配置作用，把企业集团有限资源在各成员企业之间进行合理配置，有利于缓解外部资本市场缺陷产生的投资不足行为（柳士强，2006）。周业安和韩梅（2003）以华联超市借壳上市为例，王峰娟和邹存良（2009）以华润集团为案例，王化成和曾雪云（2012）以三峡集团的内部资本市场为例，运用案例研究的方法，证明了企业集团内部资本市场可以缓解融资约束，提高了企业价值。另一方面，集团总部可以通过外部市场筹集到比单个企业加总后更多的资源，并利用外部筹资的资源对内部进行有效配置（李娜，2013），企业集团内部资金结算中心可以按总部的行政命令或价格机制将资金分配到各分部，实现资源配置优化（王峰娟，2011）。王秀丽等（2017）的实证结果也表明，高水平的内部资本市场运营能够更好发挥资本配置功能，从而提高企业价值。

但是，由于企业集团多层级的组织结构和内部复杂的产权关系加大了代理链条的长度，使得集团内代理冲突比独立企业更为严重。内部资本市场运作所带来的融资优势激发了管理层"帝国构建"的热情，从而导致投资规模的急剧膨胀和过度投资的加剧（Stein，2003）。子公司管理层的寻租行为和权力斗争导致集团内部的"交叉补贴"和"平均主义"，使得内部资本市场异化为部门经理的寻租市场（Scharfstein and Stein，2000；卢建新，2009）和控股股东利用非公允关联交易等手段"掏空"上市公司、侵占中小股东利益的重要途径（Johnson et al.，2000；刘星等，2010）。约翰逊等（Johnson et al.，2000）指出，在投资者保护较弱的国家，如果大股东以集团母公司的身份出现，则由于内部交易渠道的存在，"掏空"更可能"名正言顺"地发生。简和王（Jian and Wang，2005）研究发现，受企业集团控制的上市公司倾向于从事更多的关联交易，并且至少部分关联交易被市场认为是机会主义行为，因此，上市公司与控制股东之间的关联借贷与其市场价值呈负相关。郑国坚等（2007）的研究也表明，附属于企业集团的上市公司与大股东的产品购销交易不但增加了对上市公司的超额资金占用，而且还存在"高卖低买"的利润转移行为。由于我国缺少外部监督和充分的内部市场机制，加之企业存在多层次的委托代理关系，过度投资、交叉补贴、平均主义、经理人寻租和控股股东控制权私利行为等无效的资本配置问题相互纠缠，企业集团内部资本市场和要素市场成为控股股东通过关联交易这种较为隐秘的方式"掏空"上市公司提供了可能（claessens et al.，2006），从而降低了企业的价值。克莱森等（Claessens et al.，2006）的研究表明，当企业集团内部存在严重的利益侵占时，内部资本市场的功能实质上已经发生了异化，资金的内部配置转化成利益输送的渠道，这不仅无法缓解融资约束及优化资本配置，反而可能加重企业面临的融资约束并损害企业价值。杨棉之（2006）以华通天香集团为例，发现原本在于提高资本配置而存在的内部资本市场部分地被异化为进行利益输送的渠道，降低了企业的业绩。邵军和刘志远（2008）的实证检验结果表明，企业集团内部资本配置损害其成员企业的价值，企业集团内部资本配置活动对规模较大且控制权与现金流权分离程度大的成员企业价值的损害较为显著。基于以上分析，我们提出互斥性的假设 1A 和 1B。

假设 1A：与独立企业相比，内部资本市场运作有助于提高附属于企业集团的成员企业价值。

假设 1B：与独立企业相比，内部资本市场运作不利于提高附属于企业集团的成员企业价值。

从制度背景来看，我国的国有上市公司大部分是由国有企业改制而来，与原改制企业（后多成为母公司或控股股东）之间存在着天然的关联关系，因此，国有企业集团的国有产权性质对成员企业价值会产生重要影响（杨兴全和张照南，2008），这种影响主要表现在以下几个方面：第一，相对于非国有企业而言，政府会通过金融支持和优惠政策等措施和手段向国有企业集团提供帮助，以推动国有企业集团的形成和发展，而由中央政府控制的企业集团相对而言具有更强的权威性和行业垄断性，这种垄断优势能保证其具有较好的经济收益。第二，由于相关政策规定了国有企业的经营者不能拥有自己的经济实体，所以国有企业集团进行利益输送的动机较小，而利益输送面临的法律成本较高，而非国有集团的经营者可以将所控制的上市公司的利益直接输送到其控制的其他实体，因此就激励而言，国有集团经营者的侵占动机要弱于非国有集团经营者。第三，国有企业经营者较非国有企业经营者受到更多的监管，这包括国资委、国资局、审计机关、纪检部门等，因此，他们进行"掏空"的风险远高于非国有企业经营者（Xu，2004）。刘煜辉、熊鹏（2005）的研究发现，民营上市公司利用增发配股、恶意担保、关联交易等盘剥中小股东的利益的动机可能更为强烈。因此，虽然国有集团与非国有集团均存在利益侵占动机，但后者的"掏空"动机强于前者（夏立军，方轶强，2005）。

我国民营企业集团的形成，既是市场选择对制度缺失的替代结果，也是对政府管制的防御性安排（陈信元和黄俊，2007）。一方面，由于融资渠道的限制，其普遍面临较大的资金缺口和严重的融资约束问题（张宁，2008），上市公司更容易沦为集团内部的融资平台。并且从利益激励角度考虑，由于掠夺上市公司所得的利益能直接归属于个人的财富，导致民营大股东通常具有更强烈的最大化自身私利的动机（罗党论等，2007）。另一方面，当上市公司因大股东"掏空"或经营不善陷入困局时，为维持上市公司的融资功能，与国有企业集团的做法类似，民营企业集团同样存在利用自身的资源支持上市公司的举动。但是，表面上大同小异的支持行为却可能蕴涵着异质的动机。吴淑琨（2008）的研究表明，控股股东如果是国有性质，那么其对上市公司提供真实支持的可能性较大，而非国有控股股东更可能的是提供虚假支持，仅是为了未来能从中小股东手中攫取更多的利益。由于民营大股东提供的资金支持通常肩负着"先输血再抽血"的使命，从而降低上市公司的企业价值。简和王（Jian and Wang，2010）对我国上市公司的研究发现，实际控制人对上市公司进行利益支撑是出于机会动机的，实际控制人会通过支持行为帮助公司度过退市危机和达到再融资的基本要求，并且在实际控制人为地方政府而不是中央政府或者非国有的企业中，这种支持行为更为突出。基于此，我们提出假设2：

假设2：与附属于国有企业集团的成员企业相比，集团内部资本市场更有利于提升附属于非国有企业集团的成员企业价值。

6.2 研 究 设 计

6.2.1 模型设定与变量选择

我们建立如下的回归模型（6-1）来检验本书提出的假设1：

$$Tobins'Q_{it} = \beta_0 + \beta_1 Group_{it-1} + \beta_2 ICM_{it-1} + \beta_3 CF_{it-1} + \beta_4 Lev_{it-1} + \beta_5 Size_{it-1}$$
$$+ \beta_6 Grow_{it-1} + \beta_7 Age_{it-1} + \beta_8 Top1_{it-1} + \sum year + \sum industry + \varepsilon$$
$$模型（6-1）$$

在模型（6-1）中，被解释变量企业价值，我们用 Tobins'Q 来度量，核心解释变量为集团控制虚拟变量（Group）和集团内部资本市场运作活跃程度变量（ICM）。此外，影响企业价值的相关因素还包括负债比率、企业规模、成长机会、股权结构和上市年限等因素，我们以上述影响因素加以控制。

对于假设 2 的检验，我们在模型（6-1）的基础上加入产权属性变量（GOV）以及交乘项 GOV×Group 和 GOV×ICM，以检验不同产权属性对企业集团内部资本市场与成员企业价值产生的不同影响。相关控制变量的引入与模型（6-1）相同，在此不再赘述。

$$Tobins'Q_t = \beta_0 + \beta_1 Group_{it-1} + \beta_2 ICM_{it-1} + \beta_3 Gov_{it-1} + \beta_4 Gov \times Group_{t-1}$$
$$+ \beta_5 Gov \times ICM_{it-1} + \beta_6 CF_{it-1} + \beta_7 Lev_{it-1} + \beta_8 Size_{it-1} + \beta_9 Grow_{it-1}$$
$$+ \beta_{10} Age_{it-1} + \beta_{11} Top1_{it-1} + \sum year + \sum industry + \varepsilon$$

模型（6-2）

相关变量的定义如表 6-1 所示。

表 6-1　　　　　　　　　　　　　相关变量定义表

变量名称	变量符号	变量的说明及定义
企业价值	Tobins'Q	（年末流通股市值 + 每股净资产×非流通股股数 + 流动负债 + 长期负债 − 流动资产）/年末总资产
内部资本市场	ICM	上市公司与集团内关联方之间的（应收账款 + 预付账款 + 应收票据 + 其他应收款 + 应付账款 + 预收账款 + 应付票据 + 其他应付款）/年末总资产
企业集团	Group	如果是集团公司，则取 1，否则为 0
自由现金流量	CF	经营现金流量净额减折旧、摊销和预期资本投资/总资产，预期资本投资额来于第 5 章模型（5-3）的回归结果
资产负债率	Lev	总负债/期初总资产
企业规模	Size	总资产的自然对数
成长机会	Grow	本期主营业务收入增长率 − 上期主营业务收入增长率
上市年龄	Age	截至 t−1 期期末公司上市的年龄
股权结构	TOP1	季度上市公司第一大股东持股比
年度虚拟变量	year	控制不同时期宏观经济因素的影响，共 6 个年度虚拟变量
行业虚拟变量	industry	参照中国证监会行业分类指南，共计 20 个行业虚拟变量

6.2.2　样本选取与数据来源

我们以 2007~2014 年度沪深两市所有 A 股上市公司为初始样本，并在此基础上按照以下程序对样本进行了筛选：（1）别除了金融和保险行业的上市公司；（2）由于需要滞后一期相关变量的数据，我们剔除了当年上市的样本公司；（3）剔除数据不全或研究期间退市的上市公司；（4）剔除无法判断是否属于集团控制的上市公司；（5）为减轻离群值对估计结果的影响，我们对所有数据作了 1% 和 99% 分位数上的 Winsorize 处理。这样，本书选取的最终样本为 7118 个观测值。

关于上市公司是否附属于企业集团的数据主要通过公司年报手工收集整理而成。借鉴辛清泉等（2007）的做法，如果第一大股东为集团公司或者实际上充当集团公司职能的公司，则认为上市公司附属于企业集团；如果第一大股东为各级国资委、国有资产经营公司、财政局或者其他政府机构，或者其他自身不从事任何实业经营、只从事投资控股业务的公司或个人，则认为上市公司是非集团控制企业。上市公司最终控制人的产权性质的相关数据通过 CSMAR 股东库数据库获得，其他财务数据和行业类型数据，均来自 CSMAR 和 CCER 数据库。

6.3　检验结果与分析

6.3.1　主要变量描述性统计

表 6-2 报告了各主要变量的描述性统计结果。从表 6-2 可以看出如下几点：第一，从全样本的数据来看，附属于企业集团的上市公司的 Tobins′Q 均值为 1.218，而独立企业 Tobins′Q 均值为 1.229，且二者存在显著性差异；相对于附属于企业集团的成员企业而言，无论是国有属性还是非国有属性，独立企业的 Tobin′Q 值更高一些。第二，按照最终控制人的产权性质进行分组的结果看，最终控制人为民营企业集团的上市公司的 Tobin′Q（1.247）要高于最终控制人为国有企业集团的上市公司的价值（1.201），二者之间的差距同样的 1% 的水平上显著。第三，就企业集团内部资本市场而言，附属于企业集团的上市内部市场显著活跃于独立企业，从全样本数据比较来看，附属于企业集团的上市公司内部资本市场均值为 0.495，而独立企业内部效果的数据为 0.480，两者的 10% 的水平的存在显著差异，从产权性质来看，国有企业集团上市公司和非国有企业集团上市公司内部资本市场的活跃度分别为 0.491 和

0.516，说明与国有企业集团相比，非国有企业集团上市公司内部资本市场更为活跃；企业集团控制上市公司内部资本市场规模（0.495）大于非集团企业的内部资本市场规模（0.480），二者之间存在显著性差异；第四，企业集团成员企业的资产规模要大于独立企业，独立企业的成长性要高于附属于企业集团的上市公司；独立企业的负债规模要大于企业集团成员企业；附属于企业集团的上市公司的股权集中度要高于独立企业。

表6-2   相关变量的描述性统计

变量	非国有企业			国有企业			全样本		
	集团控制	独点企业	T值	集团控制	独立企业	T值	集团控制	独立企业	T值
Tobins′Q	1.247	1.356	2.68***	1.201	1.210	3.27***	1.218	1.229	4.21***
ICM	0.516	0.475	3.05***	0.491	0.461	1.32**	0.495	0.480	2.60**
CF	0.014	0.011	2.633***	0.031	0.019	1.492	0.023	0.015	0.788**
Growth	0.552	0.480	0.840	1.53	1.66	-1.47**	0.722	0.751	-1.30
Lev	0.508	0.527	-2.285***	0.736	0.988	-0.897	0.623	0.764	0.0.982
Size	21.46	21.29	3.23***	22.33	22.14	2.02***	21.77	21.56	5.92***
Age	6.030	6.141	1.121	6.092	6.107	0.970	6.030	6.141	1.27
Top1	43.14	38.63	2.08***	39.27	34.17	2.31***	41.18	37.90	2.21***

注：***、**和*分别表示在1%，5%和10%的水平上显著。

6.3.2 主要变量的相关性分析

表6-3列示了主要变量的相关性分析矩阵。从表6-3可以看出，Tobins′Q与ICM存在显著正相关关系，表明企业集团内部资本市场运作越活跃，成员企业价值越低，Tobins′Q与Group与存在显著正相关关系，说明附属于企业集团的成员企业价值越低。另外，Tobins′Q与资产负债率Lev显著正相关，表明企业集团利用财务杠杆可以提升企业价值；Tobins′Q与业规模显著为负相关，表明企业扩张对于企业价值产生了不利影响；Tobins′Q与企业的成长机会相关系数为显著为正，表明企业主营业务收入增长对企业价值具有正向激励作用；第一大股东持股比例与Tobins′Q的相关系数显著为负，表明股权过度集中破坏了企业价值。

表 6 - 3

主要变量相关性分析

	Tobins'Q	ICM	Group	GOV	CF	Grow	Lev	Size	Age	TOP1
Tobins'Q	1									
ICM	-0.217***	1								
Group	-0.316***	0.817***	1							
GOV	0.067**	0.054***	0.079***	1						
CF	0.348***	0.162***	0.24	0.018	1					
Grow	0.414***	0.134***	0.487	0.610	0.527	1				
Lev	0.448***	0.378***	0.039**	0.013	0.020	0.023	1			
Size	-0.346*	-0.268**	-0.053**	0.275***	0.269***	-0.095***	0.352***	1		
Age	-0.046*	-0.068	0.173***	0.075	0.269***	-0.095	0.043***	0.043***	1	
TOP1	-0.053*	0.176*	-0.037*	0.010	0.023	0.251***	0.234	0.052***	0.043***	1

注：***、**和*分别表示在1%、5%和10%的水平上显著。

6.3.2 回归结果与分析

1. 企业集团内部资本市场与企业价值的影响的回归结果

表6-4报告了集团内部资本市场对成员企业价值的影响。模型（6-1）为不控制其他变量的全样本的回归结果，模型（6-2）为控制了其他变量的全样本的回归结果，模型（6-3）为不控制其他变量的附属于企业集团子样本的回归结果，模型（6-4）控制其他变量的附属于企业集团子样本的回归结果。从全样本回归结果可以看出，Group 的回归系数显著为负，这表明与独立企业相比，附属于企业集团的成员企业价值更低。从集团子样本回归结果可知，ICM 的回归系数为分别为 -0.02 和 -0.021，且在1% 的水平上显著，表明企业集团内部资本市场运作越活跃，附属于企业集团的成员企业价值越低，假设1得到了验证。就控制变量而言，无论是全样本还是企业集团子样本，资产负债率 Lev 的回归系数显著为正，表明企业集团利用财务杠杆可以提升企业价值；企业规模的回归系数显著为负，表明企业扩张对于企业价值产生了不利影响；企业的成长机会的回归系数为正，表明企业主营业务收入增长对企业价值具有正向激励作用；第一大股东持股比例的回归系数显著为负，表明股权过度集中破坏了企业价值。

表6-4　　　　　企业集团企业内部资本市场与企业价值的回归结果

变量	全样本		集团子样本	
	模型（6-1）	模型（6-2）	模型（6-3）	模型（6-4）
Intercept	1.536 *** (1.987)	1.071 *** (1.052)	0.743 *** (7.382)	0.751 *** (7.527)
Group	-0.017 *** (-2.135)	-0.024 *** (-2.518)		
ICM			-0.020 *** (-2.105)	-0.021 *** (-2.187)
CF		0.046 *** (3.297)		0.038 *** (2.499)

续表

变量	全样本		集团子样本	
	模型（6-1）	模型（6-2）	模型（6-3）	模型（6-4）
Lev		0.039 *** (5.556)		0.036 *** (2.328)
Size		-0.015 *** (-7.339)		-0.066 *** (-14.089)
Age		0.010 (0.945)		0.009 (0.924)
Grow		0.001 *** (2.328)		0.002 *** (2.054)
Top1		-0.022 *** (4.235)		-0.029 *** (2.534)
industry	控制	控制	控制	控制
year	控制	控制	控制	控制
Ad-R^2	0.169	0.169	0.169	0.169
F-Value	21.446 ***	21.446 ***	21.446 ***	21.446 ***

注：***、** 和 * 分别表示在1%，5%和10%的水平上显著。

2. 产权属性、企业集团内部资本与企业价值影响的回归结果

表6-5列示了产权属性对企业集团内部资本市场和成员企业价值影响的回归结果。模型（6-1）为不控制其他变量的全样本的回归结果，模型（6-2）为控制了其他变量的全样本的回归结果，模型（6-3）为不控制其他变量的附属于企业集团子样本的回归结果，模型（6-4）控制其他变量的附属于企业集团子样本的回归结果。从表6-5可以看出，从全样本的数据来看，Group的回归系数均显著为负，这表明与独立企业相比，附属于企业集团的成员企业价值更低；Gov的回归系数为分别为 -0.038 和 -0.046，且在1%的水平上显著，表明相对非国有企业而言，国有企业价值更低；交乘项 Gov × Group 回归系数显著为负，表明相对于附属于非国有企业集团的成员企业而言，附属于国有企业集团的成员企业价值更低，即国有企业集团成员企业的价值低于非国有企业集团成员企业的价值。从集团子样本回归结果可知，ICM 的回归系数分别

为 - 0.071 和 - 0.083，且在 1% 的水平上显著，表明企业集团内部资本市场运作越活跃，附属于企业集团的成员企业价值越低，Gov 的系数也显著为负，即国有企业集团上市公司价值更低；交乘项 Gov×ICM 回归系数显著为负，表明相对于非国有企业集团而言，国有企业集团内部资本市场越活跃，对企业价值的破坏性越大，也可以理解为国有企业集团内部资本市场运作对成员企业价值的正向促进没有非国有企业集团内部资本市场运作产生的推动作用大，从而证实了假设 2。就控制变量而言，自由现金流量 CF 的回归系数显著为正，表明自由现金流越高，企业的价值越大，资产负债率 Lev 的回归系数显著为正，表明企业集团利用财务杠杆可以提升企业价值；第一大股东持股比 TOP1 的系数显著为负，说明股权集中度越高，控股股东股权的集中度对企业价值具有负面作用；企业模型的回归系数也显著为负，表明企业模型越大，企业价值越低。

表 6 - 5　　　产权属性、企业集团内部资本市场与企业价值的回归结果

变量	全样本	T 值	集团子样本	T 值
	模型 (6 - 1)	模型 (6 - 2)	模型 (6 - 3)	模型 (6 - 4)
Intercept	7.343 *** (7.875)	6.944 *** (6.303)	7.764 *** (8.933)	7.004 *** (7.651)
Group	- 0.013 ** (- 2.255)	- 0.018 *** (- 2.990)		
ICM			- 0.071 *** (- 3.021)	- 0.083 *** (- 3.461)
Gov	- 0.038 *** (- 2.987)	- 0.046 *** (- 3.297)	- 0.033 ** (- 2.286)	- 0.038 ** (- 2.499)
Gov × Group	- 0.151 ** (- 2.194)	- 0.164 ** (- 2.312)		
Gov × ICM			- 0.114 * (- 1.812)	- 0.129 * (- 1.934)
CF		0.042 *** (3.286)		0.034 ** (2.369)
Lev		0.027 *** (7.165)		0.028 *** (7.305)

续表

变量	全样本	T 值	集团子样本	T 值
	模型（6-1）	模型（6-2）	模型（6-3）	模型（6-4）
Size		-0.279^{***} （-11.376）		-0.310^{***} （-5.161）
Grow		0.001^{*} （1.790）		0.001^{*} （1.844）
Age		-0.007 （-0.272）		0.098 （1.133）
Top1		-0.018^{***} （3.735）		-0.021^{**} （2.339）
Industru	控制	控制	控制	控制
Year	控制	控制	控制	控制
Adj－R^2	0.131	0.151	0.149	0.162
（F－Value）	17.872***	20.457***	18.997***	21.346***

注：$***$、$**$和$*$分别表示在1%，5%和10%的水平上显著。

6.4　稳健性测试

为提高研究结论的可靠性，本书做了如下稳健性测试：按照伯杰和奥菲克（Berger and Ofek，1995）的做法，我们把企业价值重新定义为 $EV = \ln\left[\left(M_i \div \dfrac{M_j}{B_j}\right) \times B_i\right]$ 其中，M_i 和 B_i 分别表示成员企业年末总资产的市场价值和账面价值，M_j 和 B_j 分别表示企业所在行业的年末总资产市场价值和账面价值的中位数。在此基础上，对模型（6-1）和模型（6-2）进行回归，回归结果如表6-6所示。

从回归的结果来看，与前面的研究结论基本一致，没有实质性差异。基于上述敏感性测试，我们认为本书的研究结论是稳健的。

表6-6 重新定义企业价值的稳健性测试

变量	全样本				集团子样本			
	模型（6-1）	模型（6-2）	模型（6-3）	模型（6-4）	模型（6-5）	模型（6-6）	模型（6-7）	模型（6-8）
Intercept	1.731*** (2.854)	1.289*** (2.942)	8.733*** (8.871)	7.034*** (6.590)	0.791*** (7.513)	0.798*** (7.863)	7.781*** (9.045)	7.087*** (7.980)
Group	-0.009** (-2.21)	-0.012** (-2.18)	-0.009** (-2.18)	-0.011** (-2.73)				
ICM					-0.016** (-2.034)	-0.019** (-2.100)	-0.070** (-3.017)	-0.081** (-3.321)
Gov			-0.043*** (-3.213)	-0.051*** (-3.423)			-0.031** (-2.226)	-0.026** (-2.249)
Gov×Group			-0.141** (-2.098)	-0.157** (-2.214)				
Gov×ICM							-0.113* (-1.801)	-0.121* (-1.769)
CF		0.415*** (3.554)		0.385*** (3.652)		0.284*** (3.528)		0.317*** 4.529
Lev		0.041*** (5.931)		0.037*** (8.181)		0.042*** (2.653)		0.033*** (8.475)

续表

变量	全样本				集团子样本			
	模型 (6-1)	模型 (6-2)	模型 (6-3)	模型 (6-4)	模型 (6-5)	模型 (6-6)	模型 (6-7)	模型 (6-8)
Size		-0.015*** (-7.339)		-0.542*** (-13.342)		-0.066*** (-14.089)		-0.567*** (-8.149)
Grow		0.010 (0.945)		0.001** (1.790)		0.009 (0.924)		0.001** (1.844)
Age		0.001*** (2.328)		-0.007 (-0.272)		0.002*** (2.054)		0.098 (1.133)
Top1		-0.024*** (4.654)		-0.021*** (4.138)		-0.029*** (3.095)		-0.020*** (2.214)
Industru	控制	控制	控制	控制	控制	控制	控制	控制
Year	控制	控制	控制	控制	控制	控制	控制	控制
Adj-R²	0.225	0.307	0.246	0.315	0.210	0.235	0.217	0.240
F-Value	23.446***	24.542***	21.386***	24.631***	24.871***	24.935***	23.542***	22.754***

注：***、** 和 * 分别表示在 1%、5% 和 10% 的水平上显著。

6.5 本章小结

企业集团内部资本市场能够帮助成员企业节约交易成本,缓解外部融资约束,将有限的资金配置到具有较高回报率的投资项目中,从而提高资源配置效率和行业竞争力(Khanna and Yafeh,2007;Cestoneand Fumagall,2005);与此同时,代理问题的存在使内部资本市场运作有其"黑暗面",表现为企业集团内部资本市场成为大股东较为隐蔽的侵占成员企业资源、进行利益输送的通道(万良勇,2008),从而严重影响了企业集团内部资本市场的资本配置效率(邵军和刘志远,2007;魏明海,2013)。企业集团内部资本市场在中国新兴市场环境中同时存在效率促进和大股东"掏空"的双重效应。那么,就最终经济后果来看,企业集团内部资本市场对成员企业价值产生了怎样的影响,是提升了成员企业的价值,还是降低了成员企业的价值呢?本章以2007~2014年上市公司为研究对象,将样本公司分为附属于企业集团的上市公司和非附属于企业集团的独立公司,实证检验企业集团内部资本市场对成员企业价值的影响。研究结果表明,与独立企业相比,附属于企业集团的上市公司价值更低,且企业集团内部资本市场运作越活跃,附属于企业集团的成员企业价值越低;从产权属性来看,相比较于非国产权企业集团上市公司,附属于国有集团上市公司内部资本配置不仅不利于成员企业价值的提升,内部资本市场越活跃,对上市公司的价值破坏性越大。实证结果证明,我国新兴市场的企业集团内部资本市场具有明显的机会主义特征,控股股东较为隐蔽的侵占资源和利益输送产生的价值损失远远大于缓解融资约束带来的资本配置收益。

第 7 章

研究结论与政策建议

7.1 主要研究结论

我国渐进式的经济改革路径决定了我国很多上市公司都处于大股东控制下的集团内部资本市场环境中，企业集团内部资本市场一方面为企业实现内部融资、缓解融资约束提供了运作平台；另一方面，也为大股东利用内部资本市场进行"掏空"行为以实现自身利益最大化创造了条件。

本书所关注的问题有以下几个：在中国新兴的资本市场下，企业集团内部资本市场形成的动因是什么？企业集团内部资本市场效率促进和大股东"掏空"的机理是什么？对于中国的上市公司而言，企业集团内部资本市场是否同时存在效率促进的正面效应和大股东"掏空"的负面效应？如果企业集团内部资本市场同时兼备效率促进和大股东"掏空"两种效应，对于国有控股企业集团和非国有企业集团而言，企业集团内部资本市场占据主导作用的正面效应是否会因企业属性的不同而有所不同？就最终经济后果来看，企业集团内部资本市场是提升了成员企业的价值，还是降低了成员企业的价值？

本书在借鉴前人理论与实证研究成果的基础上，以企业集团内部资本市场资本配置效率为研究切入点，剖析了我国企业集团内部资本市场形成动因和企业集团内部资本市场效率促进与大股东"掏空"的机理，在此基础上，以2007～2014 年上市公司为研究对象，将样本公司分为附属于企业集团的上市公司和非附属于企业集团的独立公司，以投资规模和投资效率作为资本配置效率的度量指标，实证检验内部资本市场是否同时存在效率促进与大股东"掏空"的双重效应,最后以企业价值作为经济后果的最终度量,实证检验企业集团内部资本市场对集团成员企业价值产生的最终影响,以及不同产权性质下企业集团内部资本市场对国有企业集团成员企业与非国有企业集团成员企业价值产生的异质性的影响。

本书得出如下研究结论:

(1)我国企业集团内部资本市场所呈现出的效率促进与大股东"掏空"问题具有较深的制度根源。转轨经济时期,金融体制改革带来了国有企业新的融资困境,国有企业必须寻找替代性的资本供给渠道;我国民营企业在直接融资与间接融资过程中都处于相对劣势的地位,通过"买壳上市"成为不少民营企业的现实选择,以期通过企业集团内部资本市场运作获取稀缺性资本,从而缓解企业融资约束。但是,在缺乏有力的监控条件下,企业集团多层级的组织结构和内部复杂的产权关系加大了代理链条的长度,企业集团内部资本市场却可能成为控股股东"掏空"上市公司的渠道;从政府公共治理来看,为了将政府社会性目标内部化到其控制的上市公司中,政府利用其"扶持之手"和"掠夺之手"推动了企业集团内部资本市场的形成。

(2)无论是民营企业集团还是由地方国资或中央国资控制的国有企业集团,其内部资本市场资本配置最终体现为效率促进还是控股股东"掏空"往往是企业集团实际控制人通盘考虑的结果,是企业集团实际控制人与下属子公司合作博弈的结果。企业集团内部资本市场是随着企业规模扩大与边界范围增加而出现的介于企业和市场之间中间形态的组织层次。一方面,多层级企业集团内部资本市场中,集团母公司(或总部)既可以像外部资本市场上的金融中介那样实施集中外源融资,也可以在内部资本市场内组织集中内源融资,并在成员企业中通过"挑选优胜者"将有限的资金配置到具有较高回报率的投资项目中,实现"活钱效应",以提高内部资源配置效率,同时,企业集团内部资本市场的信息传递渠道相对畅通,集团母公司够发挥内部信息及监督优势,实现对不完善外部资本市场监督功能和激励功能的替代,企业集团内部资本市场母子公司之间、子公司与子公司之间通过关联交易、关联担保和关联采购和销售可以实现资金融通,缓解下层子公司的融资约束。另一方面,企业集团金字塔形股权结构和多重委托代理关系使处于塔尖的控股母公司拥有对下属子公司财务行为(融投资决策)的控制支配权。它既能通过控制链对底层的上市公司进行有效控制,也能通过构建一系列错综复杂的控制链条来获得相应的现金流收益,这为企业集团控股母公司为满足自身对控制权私益利用内部资本侵害中小股东、进行利益输送提供了重要渠道和便捷手段。当大股东利用金字塔股权结构实施利益侵占时，企业集团内部资本市场的功能发生异化，反而成为大股东转移公司资源的有利途径，从而降低了企业集团内部资本市场资本配置效率。

（3）企业集团内部资本市场同时存在效率促进的正面效应和大股东"掏空"的负面效应，并且，企业集团属性不同，内部资本市场表现为效率促进还是大股东"掏空"也会有所差异。相对于独立企业而言，附属于企业集团的上市公司其投资规模更高，且企业集团内部资本市场运作越活跃，成员企业资本投资额规模也越大，效率促进的作用也就越为显著；相对于非国有企业集团而言，附属于国有企业集团的上市公司投资规模更大，且国有企业集团内部资本市场的活跃程度进一步强化了其成员上市公司投资规模，降低了集团成员企业的投资现金流敏感性，缓解了其融资约束程度，提高了资本配置效率；相对于独立企业而言，企业集团内部资本市场的运作缓解了成员企业投资不足，但加剧了其过度投资水平，且集团内部资本市场运作越活跃，成员企业投资不足程度越低，而过度投资程度也随之增高，此时，效率促进和大股东"掏空"行为同时并存；从产权属性的角度来看，随着集团内部资本市场运作活跃程度的提升，国有企业集团控制的上市公司过度投资的水平大幅提高，而民营企业集团控制的上市公司因内部资本市场的运作，其投资不足的程度显著降低，内部资本市场发挥的效率促进作用和大股东"掏空"作用因产权性质的不同而有所差异。

（4）从最终经济后果来看，我国新兴资本市场的企业集团内部资本市场具有明显的机会主义特征，控股股东较为隐蔽的侵占资源和利益输送行为产生的价值破坏作用远远大于缓解融资约束带来的资本配置价值增值作用。与独立企业相比，附属于企业集团的成员企业价值更低，且企业集团内部资本市场运作越活跃，附属于企业集团的成员企业价值越低；从产权属性来看，相比较于附属于非国有企业集团的上市公司，附属于国有集团的上市公司内部资本配置不利于成员企业价值的提升，且内部资本市场越活跃，对上市公司的价值破坏性越大。

7.2　政策建议

企业集团内部资本市场在资本配置效率方面表现出两面性：一方面，附属于国有企业集团的上市公司通过内部资本市场的运作加剧了其过度投资；另一方面，附属于民营企业集团上市公司却通过集团内部资本市场缓解了其融资约束程度，使投资不足有所降低。从企业价值的角度来判断，不管是国有企业集团还是民营企业集团，内部资本市场都降低了企业的价值，但相对而言，企业集团内部资本市场对附属于国有企业集团的成员企业价值破坏性更大。基于此，我们提出如下政策建议。

第一，加快资本市场改革的步伐。金融市场的健康与安全不仅是金融行业自身的生存与发展的问题，也关系到宏观金融、经济与社会的稳定。借助国有企业进一步市场化改革的步伐降低国有银行体系针对国有经济的信贷比例，降低金融体系进一步走向扭曲的金融结构、恶化金融资源配置效率的风险。金融市场化改革的要害并不在于追求一些技术指标的短期改进，而在于构建成熟健全、多元化的金融市场体系，通过有效的制度替换削减银行行为的外部性。其次，加快资本市场的改革，放松资本市场融资管制政策，准予更多资质较好的公司获得直接融资权，应尽可能地为民营企业提供平等的外部融资环境，包括放松对民营企业的上市资格管制以及消除银行信贷过程中存在的歧视问题。另外，监管机构与商业银行在审核融资资格的时候应更注重公司实际的资质，而不是其产权属性；商业银行在发放贷款时不仅应评估企业法人自身的资质，还应当将其关联方以及关联方交易的特征纳入信用评估体系。在风险控制过程中警惕由于集团内部资本市场不当运作而导致贷款企业的偿付危机。银行可选择在贷款契约中事先对集团内部资本市场作出适当约定，对机会主义内部资本市场行为将起到一定的制约作用。

第二，强化公司治理水平，建立对控股股东或实际控制人的约束机制。对企业集团母公司而言，既要采取措施促使其发挥对内部资本聚集与配置环节的积极效应，又要采取措施防范或降低其在内部资本配置和定价的消极效应。首先，为防止控股股东或实际控制人通过内部资本市场转移上市公司资产、侵害中小股东利益，在集团治理的制度安排上，应当构建基于多重委托代理关系的治理结构与治理机制，要同时兼顾上市公司股东与管理层的代理关系、上市公司大股东与中小股东的代理关系，并充分考虑到由于集团内部个体契约的交互影响而带来的治理问题。其次，应当明确并强化上市公司控股股东或实际控制人的实际责任，制定相应的法律法规规范其行为，对于控股股东或实际控制人损害上市公司、上市公司中小股东以及其他利益相关者利益的行为要进行严厉的处罚。在这一方面，还可以借鉴西方一些成熟的做法，例如，规定控股股东负有诚信义务、控股股东对中小股东负有民事赔偿责任，等等。最后，加强对上市公司之间资金往来、资本交易行为的监管，特别要加强对控制权和现金流权分离程度较高的上市公司行为的监管，防止控股股东或实际控制人借助内部资本市场进行利益转移。

第三，转变政府职能，推动政府向公共产品提供者角色的服务型政府转型。在政府治理方面，在财政分权体制下，既要保持地方政府发展经济的积极性，同时，又要进行合理引导，防止地方政府为获取本位利益而牺牲其他利益相关者的利益。在企业集团化发展战略方面，政府不应在企业的集团化过程中施加过多政府意志的干扰，而是应该更深入地研究市场规律，尊重市场规律，为企业的集团化提供必备的基础条件与政策支持。各级政府虽然作为国有产权的代理人享有参与重大决策的权利，但是在行使权力的过程中必须受到来自公司章程以及法律法规的制约。对于未来国有企业改革，比较有代表性的是"公众化"改革方向。"公众化"改革完成后，政府将主要成为企业的纯财务投资者，这些企业将建立真正的混合所有制和现代企业制度，也将能够实现经营行为的彻底市场化，解决我国国有企业现存的各种问题。"公众化"改就必须首先在转变政府职能、推动建设型政府向公共产品提供者角色的服务型政府转型、重构市场与政府关系等方面取得重大突破。

第四，建立并完善集团内部成员企业之间的关系协调机制。我国企业集团应当重视文化协调机制、信息协调机制对内部资本市场效率的积极作用。在文化协调机制方面，在有效整合不同成员企业文化的基础上构建集团内部具有包容性的高度信任的集团文化，为参与内部资本市场运行的各个成员企业提供共同的理念支撑和价值指导，协调各成员企业的目标与行动，促使其在长期交往过程中逐渐形成一定的默契、相互信任关系、互惠的规范和合作规则，从而有利于内部资本市场顺利运行和长效发展。在信息协调机制方面，通过建立和完善集团内部有效的信息沟通平台，加强信息在集团成员企业之间的传递，对彼此之间的合作条件、合作过程进行及时有效的交流与沟通，减少内部资本交易双方在沟通、商榷并拟定投融资协议过程中的信息不对称现象，从而实现集团内部资本聚集与配置的顺利进行，并在增进彼此了解的基础上合理确定内部资本的转移价格。

7.3 研究局限与展望

研究企业集团内部资本市场效率促进还是大股东"掏空"行为占据主导地位的相关文献相对较少，本书虽然在这方面进行了一定的尝试，但仍存在很多不足之处，这些不足之处也为后续进一步地研究提供了契机。

（1）企业集团内部资本市场效率促进与大股东"掏空"的数据获取存在不足。同国外成熟的资本市场环境相比，我国企业集团内部资本市场的发展时间还比较短，成员企业之间的内部资本配置行为和大股东"掏空"行为更具有隐蔽性和不可观测性。而且集团所实施内部资本配置行为和大股东"掏空"行为均没有公开量化的信息披露，所以企业集团内部资本市场资本配置和大股东"掏空"行为难以获取全面的数据。因此，本书未能包含非上市成员企业的内部资本融通行为，只能从上市公司的公开数据入手对其所在企业集团的治理因素和内部资本市场行为进行分析。这方面的研究不足只能随着我国企业集团相关数据库的建立进行进一步的改进和完善。

（2）在研究的过程中，并未考虑大股东对上市公司"支持"行为对企业集团内部资本市场配置效率的影响。出于简化研究过程的考虑，我们仅探讨大股东对上市公司"掏空"行为对企业集团内部资本市场配置效率的影响。但现实的情况是，不同性质的集团母公司即上市公司控股股东或实际控制人的行为方式可能存在较大差异，具有"支持"和"掏空"不同动机的集团母公司的行为可能会对内部资本市场效率产生不同的影响，但由于缺乏母公司层面的详细相关数据，本书在实证研究中对母公司动机未加区分，未考虑具有"支持"动机的集团母公司的行为可能会对内部资本市场效率产生的影响。对于这一问题，随着未来数据的完善，需要进一步进行系统研究。企业集团大股东的行为，既包括"掏空"行为，也会在下属子公司出现危难时的"支持"行为，大股东的"支持"行为也会对企业集团内部资本市场配置效率产生影响。根据不同动机的集团母公司的行为，将其进一步细划为"支持"和"掏空"行为，分析其对内部资本市场效率产生不同的影响，这也成为本书的不足之处和将来的研究方向。

（3）没有考虑外部资本市场对企业集团内部资本市场产生的影响。外部资本市场的不完善使企业集团内部资本市场成为外部资本市场的替代和必要补充，在一定程度上缓解了企业的融资约束，也就是说，任何外部资本市场的变化均可能导致集团内部资本市场的主体、功能、资本配置效率和经济后果等发生改变。在研究的过程中，我们并未考查外部资本市场的完善程度和融资效率对企业集团内部资本市场效率促进与大股东"掏空"的影响，也未考虑外部资本市场与内部资本市场的替代作用对企业价值的影响。所以，将外部资本市场与内部资本市场相结合，区分完善程度不同的外部资本市场下企业集团内部资本市场效率促进与大股东"掏空"的影响以及完善程度不同的外部资本市场下外部资本市场对内部资本市场不同替代效应对企业价值产生的不同影响，也是本书未来的研究方向之一。

（4）内部资本市场的资本配置效率及其协同治理不仅会对内部资本市场主体的资源配置和价值创造造成影响，也会对外部经济或者外部不经济产生一定的影响，本书只从理论模型上探讨了内部资本市场在效率促进和大股东"掏空"行为对内部资本市场资本配置效率和经济后果的影响，未从理论和实证方面研究内部资本配置效率对外部经济或者外部不经济产生的研究，所以从理论和实证的角度分析内部资本市场对外部资本市场的协同治理的经济后果可作为未来进一步的研究方向。

参 考 文 献

［1］巴曙松，伍刚，陈华良．中国"系族企业"金融之殇——反思中国资本市场"系族企业"溃败的金融因素［J］．资本市场，2005（9）：79－86．

［2］白重恩，刘俏，陆洲，宋敏，张俊喜．中国上市公司治理结构的实证研究［J］．经济研究，2005（2）：81－91．

［3］蔡祥，李志文，张为国．中国实证会计研究综述［J］．中国会计与财务研究，2003，5（2）：155－183．

［4］曾宏，王后华．内部资本市场价值、形成路径与投资者市场反应［J］．管理科学，2009，22（1）：95－102．

［5］曾庆生．政府治理与公司治理：基于洞庭水殖捆绑上市与 MBO 的案例研究［J］．管理世界，2004（3）：124－130．

［6］曾亚敏，张俊生．中国上市公司股权收购动因研究：构建内部资本市场抑或滥用现金流［J］．世界经济，2005（2）：60－68．

［7］曾昭武．上市公司股权再融资［M］．北京：经济管理出版社，2004．

［8］陈久红．警惕过度融资对市场的危害［N］．中国证券报，2001－11－1．

［9］史忠良，吴家骏主编．国有企业战略性改组研究［M］．北京：经济管理出版社，1998．

［10］陈小悦，肖星，过晓艳．配股权与上市公司利润操纵［J］．经济研究，2000（1）：30－36．

［11］陈信元，黄俊．政府干预、多元化经营与公司业绩［J］．管理世界，2007（1）：92－97．

［12］陈信元，陈冬华，朱凯．股权结构与公司业绩：文献回顾与未来研究方向［J］．中国会计与财务研究，2004，6（4）：1－24．

［13］程六兵，王竹泉．信贷歧视、银行业股份制改革及其经济后果［J］．山西财经大学学报，2015，37（2）：48－58．

［14］戴宗焦，胡昌生，黄瀛．上市公司增资配股效应分析［J］．改革与战略，1997（5）：58－64．

[15] 樊刚. 双轨制过渡——中国渐进式市场化改革的成就与问题 [M]. 上海：上海人民出版社，1994.

[16] 冯丽霞，代杨杨. 内部资本市场缓解融资约束的实证研究 [J]. 财会月刊，2009 (12)：3 - 5.

[17] 冯丽霞，肖一婷. 内部资本市场超额价值创造研究——基于资源基础理论的思考 [J]. 会计研究，2008 (4)：41 - 46.

[18] 冯丽霞. 内部资本市场：组织载体、交易与租金 [J]. 会计研究，2006 (8)：37 - 43.

[19] 冯韶华，张扬. 关联交易资金占用与内部资本市场资源配置 [J]. 财经理论与实践，2014，35 (4)：74 - 79.

[20] 郝云宏. 公司治理内在逻辑关系冲突：董事会行为的视角 [J]. 中国工业经济，2012 (9)：96 - 108.

[21] 何卫东. 非流通股东"自利"行为、流动性价差和流通股东的利益保护，深圳证券交易所综合研究所研究报告，2004.

[22] 胡奕明等. 公司治理：大贷款人监督及其经济后果，深圳证券交易所综合研究所研究报告，2004.

[23] 花贵如，刘志远，许骞. 投资者情绪、管理者乐观主义与企业投资行为 [J]. 金融研究，2011 (9)：178 - 191.

[24] 黄贵海，宋敏. 中国上市公司的资本结构，上证联合研究计划第四期课题报告，2002.

[25] 黄佩华. 21 世纪的中国能转变经济发展模式吗？——新一代领导人面临的财政政策选择 [J]. 比较，2005 (18)：29 - 46.

[26] 黄少安，张岗. 中国上市公司股权融资偏好 [J]. 经济研究，2001 (11)：12 - 20.

[27] 黄湘源. 整体上市是不是趋势 [J]. 资本市场，2004 (1)：8 - 14.

[28] 贾钢，李婉丽. 多个大股东制衡结构的形成及其对公司价值的影响——基于股权结构内生性视角 [J]. 软科学，2008 (4)：38 - 42.

[29] 江小涓. 中国经济的全球化与企业集团的形成和发展 [J]. 经济研究参考. 2000 (30).

[30] 姜付秀，陆正飞. 多元化与资本成本的关系——来自中国股票市场的证据 [J]. 会计研究，2006 (6)：48 - 55.

[31] 姜国华，王汉生. 上市公司连续两年亏损就应该被"ST"吗？[J].

经济研究，2005（3）：100 - 107.

［32］姜国华，岳衡．大股东占用上市公司资金与上市公司股票回报率关系的研究［J］．管理世界，2005（9）：119 - 147.

［33］蒋殿春．中国上市公司资本结构和融资倾向［J］．世界经济，2003（7）：43 - 53.

［34］蒋义宏等．净资产收益率与配股条件，上海财经大学证券市场研究专辑，1998.

［35］柯武钢，史漫飞．制度经济学——社会秩序与公共政策［M］．北京：商务印书馆，2002.

［36］孔凡保．金融市场与经济发展——论发展中国家企业集团的形成机制［J］．中央财经大学学报，2005（12）：31 - 35.

［37］孔刘柳．国外企业内部资本市场理论的启示——兼谈我国企业兼并和内外部资本市场［J］．外国经济与管理，1998（7）：3 - 7.

［38］蓝发钦．中国上市公司股利政策论［M］．上海：华东师范大学出版社，2001.

［39］黎来芳，黄磊．融资约束与资产定价的关系研究［J］．财务与会计，2009（10）：53 - 55.

［40］李东平．大股东控制、盈余管理与上市公司业绩滑坡［M］．北京：中国财政经济出版社，2005.

［41］李广子，刘力．债务融资成本与民营信贷歧视［J］．金融研究，2009（12）：137 - 150.

［42］李健立．德隆模式：战略投资者的雏形［J］．中国工商，2002（3）.

［43］李康，杨兴君，杨雄．配股和增发的相关者利益分析和政策研究［J］．经济研究，2003（3）：79 - 87.

［44］李娜．企业集团内部资本市场与融资约束关系的研究［J］．学术论坛，2013，36（1）：165 - 168.

［45］李宁波，邵军．大股东内部资本市场对附属上市公司价值的影响——基于华立系的案例分析［J］．辽宁工学院学报（社会科学版），2007（4）：28 - 32.

［46］李帅，靳涛．政府干预、金融歧视与资本市场扭曲——基于中国不同所有制部门的行业分析［J］．现代财经（天津财经大学学报），2014，34（12）：36 - 48.

[47] 李翔等. 上市公司融资结构和融资成本的实证研究, 深圳证券交易所会员研究成果, 2002.

[48] 李焰, 张宁. 集团控股比例与上市公司融资约束——基于代理理论的实证分析 [J]. 经济与管理研究, 2007 (3): 5 – 10.

[49] 李扬, 王国刚, 刘煜辉. 中国城市金融生态环境评价 [M]. 北京: 人民出版社, 2005.

[50] 李增泉. 国家控股与公司治理的有效性——一项基于中国证券市场的实证研究 [M]. 北京: 经济科学出版社, 2005.

[51] 李增泉, 余谦, 王晓坤. 掏空、支持与并购重组——来自我国上市公司的经验证据 [J]. 经济研究, 2005 (1): 95 – 105.

[52] 李增泉, 孙铮, 王志伟. "掏空" 与所有权安排——来自我国上市公司大股东资金占用的经验证据 [J]. 会计研究, 2004 (12): 3 – 13.

[53] 李增泉, 余谦, 王晓坤. 掏空、支持与并购重组——来自我国上市公司的经验证据 [J]. 经济研究, 2005 (1): 95 – 105.

[54] 李志文, 宋衍蘅. 影响中国上市公司配股决策的因素分析 [J]. 经济科学, 2003 (3): 59 – 69.

[55] 林旭东, 李一智, 巩前锦. 企业集团内部资本市场的代理建模研究 [J]. 深圳大学学报 (理工版), 2003 (3): 15 – 20.

[56] 林毅夫, 孙希芳. 银行业结构与经济增长 [J]. 经济研究, 2008, 43 (9): 31 – 45.

[57] 林毅夫. 自生能力与我国当前资本市场 [J]. 经济学季刊, 2004 (1): 389 – 394.

[58] 林毅夫, 刘明兴, 章奇. 企业预算软约束的成因分析 [J]. 江海学刊, 2003 (5).

[59] 刘峰, 贺建刚. 股权结构与大股东利益实现方式的选择——中国资本市场利益输送的初步研究 [J]. 中国会计评论, 2004, 2 (1): 141 – 158.

[60] 刘峰, 贺建刚, 魏明海. 控制权、业绩与利益输送——基于五粮液的案例研究 [J]. 管理世界, 2004 (8): 102 – 110.

[61] 刘芳佳, 孙霈, 刘乃全. 终极产权论、股权结构及公司绩效 [J]. 经济研究, 2003 (4): 51 – 62.

[62] 刘星, 代彬, 郝颖. 掏空、支持与资本投资——来自集团内部资本市场的经验证据 [J]. 中国会计评论, 2010 (2): 201 – 222.

［63］刘星，吴雪姣．政府干预、行业特征与并购价值创造——来自国有上市公司的经验证据［J］．审计与经济研究，2011，26（6）：95 – 103.

［64］刘星，魏锋，詹宇，Benjamin Y. Tai. 我国上市公司融资顺序的实证研究［J］．会计研究，2004（6）：66 – 72.

［65］刘煜辉，熊鹏．股权分置、政府管制和中国IPO抑价［J］．经济研究，2005（5）：85 – 95.

［66］卢峰，姚洋．金融压抑下的法治、金融发展和经济增长［J］．中国社会科学，2004（1）：42 – 55.

［67］陆军荣．企业内部资本市场：替代与治理［D］．复旦大学经济学院博士论文，2005.

［68］陆宇建．上市公司盈余管理行为对配股政策反应的实证研究［J］．中国软科学，2003（6）：47 – 51.

［69］陆正飞，张会丽．所有权安排、寻租空间与现金分布——来自中国A股市场的经验证据［J］．管理世界，2010（5）：150 – 158.

［70］陆正飞，叶康涛．中国上市公司股权融资偏好解析——偏好股权融资就是缘于融资成本低吗？［J］．经济研究，2004（4）：50 – 59.

［71］罗培新．我国证券市场和谐生态环境之法律构建——以理念为研究视角［J］．中国法学，2005（4）：89 – 102.

［72］吕长江，王克敏．上市公司股利政策的实证分析［J］．经济研究，1999（12）：31 – 39.

［73］马永强，陈欢．金融危机冲击对企业集团内部资本市场运行的影响——来自我国民营系族企业的经验证据［J］．会计研究，2013（4）：38 – 45.

［74］宁向东，冯俊新．分红和配股联动：大股东剥夺的含义［J］．数量经济技术经济研究，2003（11）：114 – 117.

［75］潘红波，夏新平，余明桂．政府干预、政治关联与地方国有企业并购［J］．经济研究，2008（4）：41 – 52.

［76］尚福林．新常态下的银行业改革与发展．中国银行业，2015（2）：8 – 11.

［77］邵军，刘志远．"系族企业"内部资本市场有效率吗？——基于鸿仪系的案例研究［J］．管理世界，2007（6）：114 – 121.

［78］邵军，刘志远．企业集团内部资本配置的经济后果——来自中国企

业集团的证据 [J]. 会计研究, 2008 (4): 47-53.

[79] 邵军, 刘志远. 企业集团内部资本市场与融资约束 [J]. 经济与管理研究, 2006a (9): 60-65.

[80] 邵军, 刘志远. 企业集团内部资本市场最优规模设计 [J]. 现代财经, 2006b (4): 32-36.

[81] 邵军. 大股东内部资本配置的经济后果——基于国光瓷业的案例研究 [J]. 上海立信会计学院学报, 2007 (5): 88-96.

[82] 施天涛. 对从属公司债权人的法律保护 [J]. 中国法学, 1997 (1): 49-57.

[83] 宋衍蘅. 中国上市公司的配股行为与业绩表现研究 [D]. 清华大学, 2003.

[84] 孙会霞, 陈金明, 陈运森. 银行信贷配置、信用风险定价与企业融资效率 [J]. 金融研究, 2013 (11): 55-67.

[85] 孙永祥. 所有权、融资结构与公司治理机制 [J]. 经济研究, 2001 (1): 45-53.

[86] 唐宗明, 蒋位. 中国上市公司大股东侵害度实证分析 [J]. 经济研究, 2002 (4): 44-50.

[87] 田利辉. 国有产权、预算软约束和中国上市公司杠杆治理 [J]. 管理世界, 2005 (7): 123-147.

[88] 万朝领, 储诚忠, 李翔, 袁野, 周建新. 上市公司的外部资金来源问题研究, 上证联合研究计划第三期课题报告, 2002.

[89] 万良勇. 集团内部资本市场、产权性质与上市公司融资约束 [C]. 中国第四届实证会计国际研讨会论文集, 2005.

[90] 万良勇, 魏明海. 我国企业集团内部资本市场的困境与功能实现问题——以三九集团和三九医药为例. 当代财经, 2006 (2): 78-81.

[91] 万良勇. 我国企业内部资本市场功能、陷阱及其法律规制 [J]. 经济与管理, 2006 (11): 5-9.

[92] 万良勇, 魏明海. 我国企业集团内部资本市场的困境与功能实现问题——以三九集团和三九医药为例 [J]. 当代财经, 2006 (2): 78-81.

[93] 万良勇. 集团内部资本市场、产权性质与上市公司融资约束——基于中国上市公司的实证研究 [J]. 华南理工大学学报 (社会科学版), 2010, 12 (2): 14-19.

[94] 王峰娟，王储，张中琳. 商业银行跨区域资本配置与内部资本市场效率——基于 2007～2013 年 A 股上市银行分部数据的研究 [J]. 会计研究，2016 (3)：36 - 42.

[95] 王峰娟，王亚坤. 论内部金融机构在资源配置中的效率增强作用 [J]. 中国乡镇企业会计，2009 (2)：159 - 160.

[96] 王峰娟，邹存良. 多元化程度与内部资本市场效率——基于分部数据的多案例研究 [J]. 管理世界，2009 (4)：153 - 161.

[97] 王峰娟. 财务运行与投资者保护：价值视角 [J]. 中国总会计师，2011 (3)：36 - 37.

[98] 王化成，曾雪云. 专业化企业集团的内部资本市场与价值创造效应——基于中国三峡集团的案例研究 [J]. 管理世界，2012 (12)：155 - 168.

[99] 王加胜，唐绍欣. 企业内部资本市场理论及其借鉴意义 [J]. 福建论坛 (经济社会版)，2001 (4)：13 - 15.

[100] 王明虎. 内部资本市场与外部资本市场之优劣势分析 [J]. 财务与会计，2009 (16)：16 - 17.

[101] 王珊珊，王化成. 内部资本市场运作缓解多元化过程中的融资约束——基于雅戈尔集团的案例分析 [J]. 财务与会计，2009 (22)：29 - 31.

[102] 王秀丽，贾吉明，李淑静. 产融结合、内部资本市场与融资约束——基于中国实体产业投资金融机构的视角研究 [J]. 海南大学学报 (人文社会科学版)，2017，35 (1)：23 - 29.

[103] 王召. 对当前我国货币政策的一些认识 [N]. 中国经济时报，2003 - 2 - 10.

[104] 威廉姆森. 资本主义经济制度 [M]. 北京：商务印书馆，1985.

[105] 魏明海，黄琼宇，程敏英. 家族企业关联大股东的治理角色——基于关联交易的视角 [J]. 管理世界，2013 (3)：133 - 147.

[106] 魏明海，万良勇. 我国企业内部资本市场的边界确定 [J]. 中山大学学报，2006 (1)：92 - 97.

[107] 文远华. 中国经济转型时期信贷配给问题研究 [M]. 上海：上海三联书店，2005.

[108] 吴敬琏. 当代中国经济改革 [M]. 上海：上海远东出版社，2004.

[109] 吴淑琨. 股权结构与公司绩效的 U 型关系研究——1997～2000 年

上市公司的实证研究 [J]. 中国工业经济, 2002 (1): 80-87.

[110] 夏立军, 方轶强. 政府控制、治理环境与公司价值——来自中国证券市场的经验证据 [J]. 经济研究, 2005 (5): 40-51.

[111] 肖耿. 中国的金融改革: 制度演变、理论与政策 [J]. 中国社会科学季刊 (香港) (秋季卷), 1995.

[112] 谢军, 黄志忠. 区域金融发展、内部资本市场与企业融资约束 [J]. 会计研究, 2014 (7): 75-81, 97.

[113] 许艳芳, 文旷宇. 内部资本市场、上市公司投融资行为异化与公司业绩——基于明天科技的案例研究 [J]. 管理案例研究与评论, 2009, 2 (4): 223-236.

[114] 阎达五, 耿建新, 刘文鹏. 我国上市公司配股融资行为的实证研究 [J]. 会计研究, 2001 (9): 21-27.

[115] 杨棉之, 孙健, 卢闯. 企业集团内部资本市场的存在性与效率性 [J]. 会计研究, 2010 (4): 50-56.

[116] 杨棉之. 内部资本市场公司绩效与控制权私有收益——以华通天香集团为例分析 [J]. 会计研究, 2006 (12): 61-67, 96.

[117] 杨如彦, 孟辉. 关联交易监管和行为主体的规避: 一个分析范式和描述性检验 [J]. 管理评论, 2004 (2): 10-16.

[118] 杨兴全, 张照南. 制度背景、股权性质与公司持有现金价值 [J]. 经济研究, 2008 (12): 111-123.

[119] 姚俊, 蓝海林. 我国企业集团的演进及组建模式研究 [J]. 经济经纬, 2006 (1): 82-85.

[120] 姚俊, 吕源, 蓝海林. 转型时期企业集团多元化、结构与绩效的实证研究 [M]. 北京: 经济科学出版社, 2005.

[121] 易兰广. 企业集团内部资本市场有效性及影响因素研究 [J]. 中南大学学报 (社会科学版), 2014, 20 (5): 179-184.

[122] 银莉, 陈收. 集团内部资本市场对外部融资约束的替代效应 [J]. 山西财经大学学报, 2010, 32 (8): 102-109.

[123] 袁奋强. 内部资本市场运行、资本投资与资本配置行为——基于"系族企业"的分析 [J]. 贵州财经大学学报, 2015 (4): 51-61.

[124] 袁志刚, 邵挺. 国有企业的历史地位、功能及其进一步改革 [J]. 学术月刊, 2010, 42 (1): 55-66.

[125] 原红旗. 大股东配股行为及其经济后果 [J]. 中国财务与会计研究，2004，6（2）：103 – 122.

[126] 原红旗. 公司配股的长期业绩 [J]. 中国财务与会计研究，2003，5（3）：103 – 122.

[127] 原红旗. 中国上市公司股利政策研究 [M]. 北京：中国财政经济出版社，2004b.

[128] 张春蔚，胡惠民. 谁将从一百合并华联案中获益？[N]. 南方周末，2004 – 4 – 15.

[129] 张会丽，陆正飞. 现金分布、公司治理与过度投资——基于我国上市公司及其子公司的现金持有状况的考察 [J]. 管理世界，2012（3）：141 – 150.

[130] 张会丽，吴有红. 企业集团财务资源配置、集中程度与经营绩效——基于现金在上市公司及其整体子公司间分布的研究 [J]. 管理世界，2011（2）：100 – 108.

[131] 张建伟. 法律、投资者保护与金融发展——兼论中国证券法改革 [J]. 当代法学，2005（9）：112 – 119.

[132] 张杰. 经济变迁中的金融中介与国有银行 [M]. 北京：中国人民大学出版社，2003.

[133] 张杰. 中国金融制度的结构与变迁 [M]. 太原：山西经济出版社，1998.

[134] 张军，郑祖玄，赵涛. 中国上市公司资本结构：股权融资偏好、最优资本结构还是过度融资？[J]. 世界经济文汇，2005（6）：1 – 10.

[135] 张宁. 集团大股东代理问题与上市公司融资约束——基于代理理论的实证分析 [J]. 山西财经大学学报，2008（2）：73 – 79.

[136] 张祥建，徐晋. 股权再融资与大股东控制的"隧道效应" [J]. 管理世界，2005a（11）：127 – 151.

[137] 张祥建，徐晋. 盈余管理、配股融资与上市公司业绩滑坡 [J]. 经济科学，2005b（1）：56 – 65.

[138] 张学伟，陈良华. 嵌入分部相关性的内部资本市场机制设计 [J]. 系统管理学报，2016，25（5）：874 – 880.

[139] 章卫东，刘珍秀，孙一帆. 公开增发新股与定向增发新股中盈余管理的比较研究 [J]. 当代财经，2013（1）：118 – 129.

[140] 郑国坚，魏明海．控股股东为什么与上市公司建立关联的内部资本市场？——从地区治理环境和控股股东特征得到的证据［C］．中山大学管理学院工作论文，2006.

[141] 郑洁．内部资本市场缓解企业集团融资约束研究——基于中粮集团的案例分析［J］．财政监督，2010（16）：62-64.

[142] 郑志刚．新兴市场分散投资者投资"金字塔结构"公司的激励［J］．经济研究，2005（4）：87-96.

[143] 郑祖玄，赵涛，何旭强．股权分置背景下的隧道效应与过度融资，深圳证券交易所第七届会员单位与基金公司优秀研究成果，2005.

[144] 钟海燕，冉茂盛，文守逊．政府干预、内部人控制与公司投资［J］．管理世界，2010（7）：98-108.

[145] 周健男．上市公司过度股权融资：经验证据与理论解释［N］．证券市场导报，2006（4）：66-71.

[146] 周莉，韩霞．产融结合资本配置效应的理论分析［J］．中央财经大学学报，2010（2）：65-69.

[147] 周业安．金融市场的制度与结构［M］．北京：中国人民大学出版社，2005.

[148] 周业安，韩梅．上市公司内部资本市场研究——以华联超市借壳上市为例分析［J］．管理世界，2003（11）：118-125.

[149] 周业安．金融抑制对中国企业融资能力影响的实证研究［J］．经济研究，1999（2）：15-22.

[150] 朱红军，杨静，张人骥．共同控制下的企业合并：协同效应还是财富转移——第一百货吸收合并华联商厦的案例研究［J］．管理世界，2005（4）：116-131.

[151] 朱谦．论对从属公司债权人的法律保护［J］．外国经济管理，1999（2）：29-33.

[152] 朱荫贵．中国近代股份制企业的特点——以资金运行为中心的考察［J］．中国社会科学，2006（5）：178-190.

[153] 祝继高，陆正飞．产权性质、股权再融资与资源配置效率［J］．金融研究，2011（1）：131-148.

[154] 邹薇，钱雪松．融资成本、寻租行为和企业内部资本配置［J］．经济研究，2005（5）：64-73.

[155] Aghion, P., and Tairole, J. Formal and real authority in organizations. The Journal of Political Economy, 1997 (105): 1 – 29.

[156] Alchian, Armen, Corporate Management and Propety Rights, Economic Policy and the Regulation of Corporate Securities, Henry Manne, 1969 (23): 337 – 360.

[157] Allen, F., Qian, J., and Qian, M., 2005. Law, finance, and economic growth in China, Journal of Financial Economics, 2003 (77): 57 – 116.

[158] Almeida and Wolfenzon, Should business groups be dismantled? The equilibrium costs of efficient internal capital markets, Journal of Financial Economics, 1997 (79): 99 – 144.

[159] Almeida, H., and Kim, C. S., The effect of internal capital markets on corporate investments: evidence from the Asian financial crisis. AF, 4 2013 San Diego Meetings Paper, 2013.

[160] Almeida, H., Park, S. Y, Subrahmanyam, G., and Wolfenzon, D., The structure and formation of business groups: evidence from Korean Chaebols, Journal of Financial Economics, 2011 (99): 447 – 475.

[161] Amsden, A. H, Asia's next giant: South Korea and late industrialization. Oxford University Press, 1989.

[162] Bai chongen, Liu qiao and Song rain, Value of Corporate Contr01. Evidence flrom China's Distressed Firms, Working Paper, School of Economics and Finance. the Universitv of Hong Kong, 2002.

[163] Becht, M., and Boehmer, E. Voting control in German corporations. International Review of Law and Economics, 2003, 23 (1), 1 – 29.

[164] Bena, J., and Ortiz – Molina, H. Pyramidai ownership and the creation of new firms. Journal of Financial Economics, 2013, 108 (3): 798 – 821.

[165] Bhide, Reversing corporate diversification, Journal of Applied Corporate Finance, 1990 (3): 70 – 81.

[166] Bianco and Nicodano, Pyramidal groups and debt, European Economic Review, 2006 (50): 937 – 961.

[167] Biggart, N. W., Explaining Asian economic organization: toward a Weberl an institutional perspective. Theory and Society, 1991 (12): 199 – 232.

[168] Booth, L., Aivazian, V., A. Demirguc Kunt, V. Maksimovic, Cap-

ital Structures in Developing Countries, Journal of Finance, 2001 (56) 87 – 130.

[169] Bray, A. , Geczy, C. , and Compers, P. , Underperformance of Seasoned Equity Offering Revisited, working paper, 1995.

[170] Chaplinsky, Susan and Greg Niehaus, Do inside ownership and leverage share comm. . OB determinants. Quarterly Journal of Business and Economics, 1993, 32 (4): 5 1 –65.

[171] Chen Kevin C. , Yuan Hongqi, Earnings management and resource allocation: evidence from China's accounting based regulation of fights issue, The Accounting Review, 2004, July.

[172] Chen, D. , Jiang, D. , Lu, H. , and Zhou, M. , How do state and family ownership affect internal capital markets? Evidence from Chinese business groups. AF. 9 Working Paper, 2015.

[173] Claessens, S, and Tzioumis, K. , Ownership and Financing Structures of Listed and Large Non – listed Corporations. Corporate Governance: An International Review, 2006 (140): 266 –276.

[174] Claessens, S. , Djankov, S. , Fan, J. P. H. , The Rationale for Groups: Evidence from East Asia. Mimeo, World Bank, Washington, DC, 1999.

[175] Claessens. Stijn, Joseph P. H. Fan, and Larry H. P. Lang. . The Costs of Group Affiliation: Evidence from East Asia, Working paper of World Bank, 2000.

[176] Classens, Stijin, Simeon Djankov, and Larry Lang, The separation of ownership and control in East Asian corporations, Journal of Financial Economics, 2000 (58): 81 –112.

[177] Coase, R. H. , The nature of the firm. Economica, 1937 (4): 386 – 405.

[178] Cressy, Robea. , Funding Gaps: A Symposium, The Economic Journal, 2002 (112): 1 – 16.

[179] De Angelo, H. and R. Masulis, optimal capital structure under corporate and personal taxation, Journal of Financial Economics, 1980 (8): 3 –29.

[180] Deloof, Marc, Internal Capital Markets, Bank Borrowing, and Financing Constrains: Evidence From Belgian Firms, Journal of Business Finance&Accounting, 1998 (5): 945 –968.

［181］ Desai, Fritz Foley and James R. Hines. , a multinational perspective on capital structure choice and internal capital markets, Journal of Finance, 2004, 59 (6): 2451 – 2487.

［182］ Djankov, S. , La Porta, R. , Lopez – de – Silanes, F. , and Shleifer, A. , The law and economics of self-dealing. Journal ojFinancial Economics, 2008 (88): 430 – 465.

［183］ Dubois, M. and Jeanneret, P. , The Long-run Performance of Seasoned Equity Offerings with Rights, working paper, 2000.

［184］ DuCharme. L. PH. Malatesta. S. E. Sefcik, Earnings management, stock issues and shareholder lawsuits, Journal of Financial Economics, 2004 (71): 27 – 49.

［185］ Duchin, R. , and Sosyura, D. Divisional managers and internal capital markets. Journal of Finance, 2013 (68): 387 – 429.

［186］ Eckbo, B. E. . Masulis. R. W, Adverse selection and the rights offer paradox, Journal of Financial Economics, 1992 (32): 293 – 332.

［187］ Fama, E. F. and Jensen, Michael, Agency problem and residual claims, Journal of Law and Economics, 1983 (26): 327 – 349.

［188］ Fan, J. P. H. Wong and Tianyu Zhang, The emergence of corporate pyramids in China, working paper of the Chinese University of Hong Kong, 2005.

［189］ Friend, Irwin, and Larry H. P. Lang, an empirical test of the impact of managerial self-interest on corporate capital structure, Journal of Finance, 1988 (43): 71 – 281.

［190］ Garnaut, Ligang Song, Yang Yao, and Xiaolu Wang, the Emerging Private Enterprise in China, Canberra: The National University of Australia Press, 2000.

［191］ Gertner, Robert H. , David S. Scharfstein, Jeremy C. Stein, Internal versus external capital markets, The Quarterly Journal of Economics, 1994, 109 (4): 1211 – 1230.

［192］ Gertner, Robert, Eric Powers, and David Scharfstein, Learning about Internal Capital Markets from Corporate Spin-offs, the Journal of Finance, 2002, 57 (6): 2479 – 2506.

［193］ Gilson, R. J. , and Gordon, J, N. Controlling controlling shareholders. University of Pennsylvania Law Review, 2003, 152 (2): 785 – 843.

[194] Glaser, M. , Lopezs, F, and Sautner, Z. Opening the Black Box: Internal Capital Markets and Managerial Power. The Journal of Finance, 2013, 68 (4): 1577 – 1631.

[195] Glassman, Spin-offs and Spin-outs: Using "Securitization" to Beat the Bureaucracy, Journal of Applied Corporate Finance, 1995 (34): 82 – 89.

[196] Gopalan, R. , Nanda, V, and Seru, A. . Internal capital market and dividend policies: evidence from business groups. The Review of Financial Studies, 2014, 27 (4): 1102 – 1142.

[197] Gugler, K. , Peev, E. , and Segalla, E. The internal workings of internal capital markets: cross-country evidence. Journal of Corporate Finance, 2013 (20): 59 – 73.

[198] Harris, Milton and Artur Raviv, The Theory of Capital Structure, Journal of Finanee, 1991, 46 (1): 297 – 355.

[199] Hill Charles W. L. Internal Capital Market Controls and Financial Performance in Multidivisional Firms, the Journal of Industrial Economics, 1988, 9 (1): 67 – 83.

[200] Hoshi, Takeo. , Anil Kashyap and David Seharfstein, Corporate Structure, Liquidity, and Investment: Evidence from Japanese Industrial Groups, Quarterly Journal of Economics, 1991 (106): 33 – 60.

[201] Hoskisson, Robert E. and Thomas A. Turk, Corporate Restructuring: Governance and Control Limits of the Internal Capital Market, Academy of Management Review, 1990 (3): 459 – 477.

[202] Hubbard, R. Glenn and Darius Palia, A Reexamination of the Conglomerate Merger Wave in the 1960s: An Internal Capital Markets View, The JoulﬞTIal of Finance, 1999, 54 (3): 1131 – 1152.

[203] Inderst and Muller, Internal versus external financing: an optimal contracting approach, Journal of Finance, 2003, 58 (3): 1033 – 1062.

[204] Islam, Saiyid S. , and Abon Mozumdar, Financial Market Develo Dment and the Importance of Internal Capital Markets: Evidence from International Data Working Paper, 2002.

[205] Jensen, M. C. , Agency Costs of Free Cash Flow, Corporate Finance.

and Take-over, American Economic Review, 1986 (43): 323 – 329.

[206] Jensen, Michael, and William Meckling, Theory of the Firm: Managerial Behavior, Agency Costs, and Ownership Structure, Journal of Financial Economics, 1976, 3 (4): 305 – 360.

[207] Jian, M., and Wong, T J., Propping through Related Party Transactions, Review of Accounting Studies, 2010, 15 (1): 70 – 105.

[208] Johnson Simon, Rafael La Pona, Florencio Lopez-de-silanes and Andrei Shleifer Tunneling, American Economic Review, 2000, 90 (2): 22 – 27.

[209] Kang, J. K., Kim, Y. C., and Stulz, R. M., The Unden. eaction Hypothesis and the New Issue Puzzle: Evidence From Japan, The Review of Financial Studies, 1999 (12): 519 – 534.

[210] Khanna, Naveen and Sheri Tice, the Bright Side of Internal Capital Markets. The Journal of Finance, 2001, 56 (4): 1489 – 1528.

[211] Khanna, T., and Yafeh, Y, . Business groups in emerging markets: paragons of parasites? Journal of Economic Literature, 2007, 45 (2): 331 – 372.

[212] Khanna T., Business Groups and Social Welfare in Emerging Market: Existing Evidence and Unanswered Questions, European Economic Review, 2000 (44): 748 – 761.

[213] Khanna, T. and K. Palepu, Is Group Membership Profitable in Emerging Markets? An Analysis of Diversified Indian Business Groups, Journal of Finance, 2000 (55): 867 – 891.

[214] Kim, S. J. Bailout and conglomeration. Journal of Financial Economics, 2004 (71): 315 – 347.

[215] Kolasinski, A. C. Subsidiary debt, capital structure and internal capital markets, Journal of Financial Economics, 2009, 94 (2): 327 – 343.

[216] Kuppuswamy, V. and Villalonga, B., Does diversification create value in the presence of external financing constraints? Evidence from the 2007 – 2009 financial crisis. Working Paper, Harvard Business School Finance. 2010.

[217] La Porta, R., Lopez-de – Silanes, F., Shleifer, A., Vishny, R., Investor protection and corporate valuation, Journal of Finance, 2002 (57): 1147 – 1170.

[218] La Pona, Rafael, Florencio Lopez-de – Silanes, Andrei Shleifer. and

Robert Vishny. , Law and Finance, Journal of Political Economy, 1998, 106 (6): 1113 – 1155.

[219] La Pona, Rafael, Lopez-de-silanes, Florencio, and Shleifer, Andrei, Corporate Ownership around the World, Journal of Finance, 1999, 54 (3): 1131 – 1150.

[220] La Porta, R. , Lopez-de – Silanes, F. , Shleifer, A. , and Vishny, R. , Investor protection and corporate valuation. Journal of Finance, 2002 (57): 1147 – I 170.

[221] Lamont, Owen, Cash Flow and Investment: Evidence from Internal Capital Markets, the Journal of Finance, 1997, 52 (1): 83 – 109.

[222] La Poaa, R. , F. Lopez-de – Silanes, A. Shleifer, and R. W. Vishnv. Investor Protection and Corporate Governance, Journal of Financial Economics, 2000 (58): 3 – 27.

[223] Lehn, K. and A. Poulsen, Free cash flow and stockholder gains in going private transactions, The Journal of Finance, 1989, 44 (3): 771 – 787.

[224] Leland, Hayne and David Pyle, Information Asymmetries, Financial Structure, and Financial Intermediation, Journal of Finance, 1977, 32 (2): 371 – 387.

[225] Liebeskind, Julia Poter, internal capital market: benefits, costs, and organizational arrangements, Organization Science, 2000, 11 (1): 58 – 76.

[226] Lins, K. , and Servaes, H. , Is corporate diversification beneficial in emerging markets? Financial Management, 2002 (31): 5 – 31.

[227] Lins, V. , Equity ownership and firm value in emerging markets. Journal of Financial and Quantitative Analysis, 2003, 38 (2): 159 – 184.

[228] Loughran, T and Ritter, J. R. , The New Issues Puzzle, Journal of Finance, 1995 (50): 23 – 51.

[229] Lundstrum, Leonard L. , Firm Value, Information Problems and the Internal Capital Market, Review of Quantitative Finance and Accounting, 2003, 21 (2): 141 – 156.

[230] Mackie – Mason, Jeffrey K. , Do taxes affect corporate financing decisions? Journal of Finance, 1990 (45): 1471 – 1493.

[231] Marsh, Paul, the choice between equity and debt: An empirical study,

Journal of Finance, 1982 (37): 121 – 144.

[232] Masulis, R. W. , Pham, P. K. , and Zein, J. , Family business groups around the world: financing advantages, control motivations, and organizational choices. The Review of Financial Studies, 2011, 24 (11): 3556 – 3600.

[233] Matsusaka, John G. , and Vikram Nanda, Internal Capital Markets and Corporate Refocusing, Journal of Financial Intermediation, 2002 (11): 176 – 211.

[234] Matsusaka, John G. , Takeover Motives during the Conglomerate Merge Wave, Journal of Economics, 1993 (24): 357 – 379.

[235] Meyer, M. , Milgrom, P. and J. Robe, Organization Prospects, Influence Costs, and Ownership Changes, Journal of Economics and Management Strategy, 1992 (1): 9 – 35.

[236] Modigliani, Franco, and Merton Miller, the Cost of Capital, Corporation Finance, and the Theory of Investment, American Economic Review, 1958 (48): 261 – 297.

[237] Myers, Stewart and Nicholas Majluf, Corporate Financing and Investment Decisions When Firms Have Information that Investors Do Not Have, Journal of Financial Economics, 1984, 13 (2): 187 – 222.

[238] Myers, Stewart C. , Capital structure, Journal of Economic Perspectives, 2001 (15): 81 – 102.

[239] Myers, Stewart C. , the Capital Structure Puzzle, Journal of Finance, 1984, 39 (3): 575 – 592.

[240] Peyer and Shivdasani, Leverage and internal capital markets: evidence from lever aged recapitalizations, Journal of Financial Economics, 2001 (59): 477 – 515.

[241] Peyer, U. and Shivdasani, A. , Leverage and internal capital markets: evidence form leveraged recapitalizations. Journal of Financial Economics, 2001 (59): 477 – 515.

[242] Prechel, Harland. , Big business and the state: historical transitions and eorporate transformation: 1880s – 1990s. New York: State University of New York, 2000.

[243] Rajan, Raghuram, and Luigi Zingales, What Do We Know about Cap-

ital Structure: Some Evidence from International Data, Journal of Finance, 1995, 50 (5): 1421 –1460.

[244] Rajan, Raghuram, Henri Servaes, and Luigi Zingales, the Cost of Diversity: The Diversification Discount and Inefficient Investment, the Journal of Finance, 2000 (55): 35 –80.

[245] Rangan, S. , Earnings management and the performance of seasoned equity offerings, Journal of Financial Economics, 1998 (50): 101 –122.

[246] Reimund, Internal Capital Markets, Bank Borrowing and Investment: Evidence from German Corporate Groups, working paper, 2003.

[247] Ritter, J. R. , The Long –Run Performance of Initial Public Offerings, Journal of Finance, 1991 (46): 3 –27.

[248] Scharfstein, D. S. , and Stein, J. C. , The dark side of internal capital markets: divisional rent-seeking and inefficient investment, The Journal of Finance, 2000, 55 (6): 2537 –2564.

[249] Scharfstein, David S, , the Dark Side of Internal Capital Markets 11 Evidence from Diversified Conglomerates, NBER Working Paper, 1998.

[250] Seharfstein, David S. and Jeremy C. Stein, The Dark Side of Internal CaDital Markets: Divisional Rent-seeking and Inefficient Investment, Journal of Finance, 2000, 55 (6): 2537 –2564.

[251] Shin, Hyun –Han and Rene M. Stulz, Are Internal Capital Market efficient. The Quarterly Journal of Economics, 1998 (113): 531 –552.

[252] Shin, Hyun –Han. , Young S. Park. , Financing Constraints and Internal Capital Markets: Evidence from Korean Chaebols, Journal of Corporate Finance, 1999 (54): 169 –191.

[253] Shin, Jang –Sup, Ha –Joon Chang, Restructuring Korea Inc. London: Rout. Ledge Curzon, 2003.

[254] Shleifer and Vishny, The grabbing hand: Government pathologies and their cures, published book, 1998.

[255] Shleifer, Government in transition, European Economic Review, 1997 (41): 385 –410.

[256] Soucik, V. and Allen, David, E. , Long Run Underperformance of Seasoned Equity Offerings: Fact or an Illusion? working paper, 2014.

[257] Spiess, Katherine, D. and Affleck – Graves, John, Underperformance in Longrun Stock Returns Following Seasoned Equity Offerings, Journal of Financial Economics, 1995 (38): 243 – 267.

[258] Stein, J., Internal capital markets and the competition for corporate resources. Journal of Finance, 1997 (52): 111 – 133.

[259] Stein, Jeremy C., Internal Capital Markets and the Competition for Corporate Resources, the Journal of Finance, 1997, 52 (1): 111 – 133.

[260] Stulz, Ren M., Managerial Control of Voting Rights: Financing Policies and the Market for Corporate Control, Journal of Financial Economics, 1988 (20): 25 – 54.

[261] Teoh, S. H., I. Welch and T. J. Wong, Earnings management and the underperformance of seasoned equity offerings, Journal of Financial Economics, 1998 (50): 63 – 99.

[262] Triantis, George G., Organizations as Internal Capital Markets: The Legal Boundaries of Firms, Collateral, and Trusts In Commercial And Charitable Enterprises, Hatvard Law Review, 2004, 1103 – 1162.

[263] Wald, John K., How firm characteristics affect capital structure: an international comparison, Journal of Financial Research, 1999, 22 (2): 161 – 187.

[264] Williamson, Oliver E., Markets and Hierarchies: Analysis and Antitrust Implications, Free Press, New York, 1975.

[265] Wolfenzon, Daniel, A Theory of Pyramidal Structures. Working paper of Harvard University, 1999.

[266] Wurgler, J., Financial Markets and the Allocation of Capital, Journal of Financial Economics, 2000, (58): 187 – 214.

[267] Zwiebel, J., Dynamic capital structure under managerial entrenchment, American Economic Review, 1996 (86): 1197 – 1215.

后　记

　　我国国有上市公司"从国企集团优质资产分拆剥离"的形成路径和民营上市公司"兼并收购—借壳上市"的形成路径决定了我国很多上市公司附属于大股东控制下的企业集团。在企业集团内部资本市场中，金字塔形股权结构能够发挥资本杠杆效应，缓解企业的融资约束，获得内部股权融资优势；但是，在缺乏有力的监控条件下，企业集团多层级金字塔形股权结构和多重代理关系加大了代理成本，使得集团内部资本市场可能异化为大股东利益攫取的工具。本书从理论和实证的角度分析了企业集团内部资本市场是否同时存在效率促进与大股东"掏空"的双重作用，并最终从企业价值的角度验证了企业集团内部资本市场对成员企业发挥的是价值创造还是价值破坏作用。

　　本书的主要内容源于教育部人文社会科学青年基金项目（项目编号：15YJC630130）和内蒙古教育厅项目（项目编号：NSY12169）的工作成果，研究工作得到了课题组成员的大力支持和帮助。

　　首先要感谢课题组成员郑燕教授。郑老师是引领我走进科研殿堂引路人，在与郑老师一同工作的 12 年中，郑老师如母亦如友，她引导和鞭策着我在科研的道路上一路前行，也让我感受着内心的踏实和温暖；感谢课题组成员晓芳教授，晓芳老师是指引我成为一名合格教师的引路人，没有晓芳老师的处处提携和时时点醒，我可能会走更多的弯路才能成为一名合格的教师。

　　本书是课题组成员多年合作的结晶。参加课题研究和本书部分章节执笔撰写工作的课题组成员还有鲍金亮老师、李平老师、封桂芹老师、张占军老师、陶娅老师、乌云塔娜老师和伊如罕老师，没有团队的辛勤努力和精诚合作，就不会有本书的出版发行。在此向课题组成员和科研团队成员表示衷心的感谢。

　　关于企业集团内部资本市场资本配置效率的研究仍然有许多未解问题，本书的研究成果肯定也存在许多不足之处，祈望学术界同仁不吝赐教。

王艳林

2018 年 6 月